"一带一路"沿线国家投资法丛书

埃及新破产法

刘志强 译著

知识产权出版社
全国百佳图书出版单位
—北京—

图书在版编目（CIP）数据

埃及新破产法/刘志强译著. —北京：知识产权出版社，2020.6
ISBN 978-7-5130-6810-9

Ⅰ.①埃…　Ⅱ.①刘…　Ⅲ.①破产法—研究—埃及　Ⅳ.①D941.122.9

中国版本图书馆CIP数据核字（2020）第041608号

内容提要

本书从出台背景、特点、适用范围、破产申请程序、清算分配等方面对埃及新破产法进行了细致的解读，并且对"破产拯救和解"作了深入分析，随着""一带一路"倡议的深入开展，我国在埃及的投资不断增加，不仅要了解埃及的投资法，更要对埃及的破产法有清晰的认识，本书给出了最好的答案。

责任编辑：李　婧　　　　　　责任印制：孙婷婷

"一带一路"沿线国家投资法丛书

埃及新破产法
AIJI XIN POCHANFA

刘志强　译著

出版发行：知识产权出版社有限责任公司	网　址：http://www.ipph.cn
电　话：010-82004826	http://www.laichushu.com
社　址：北京市海淀区气象路50号院	邮　编：100081
责编电话：010-82000860转8594	责编邮箱：laichushu@cnipr.com
发行电话：010-82000860转8101	发行传真：010-82000893
印　刷：北京建宏印刷有限公司	经　销：各大网上书店、新华书店及相关专业书店
开　本：720mm×1000mm　1/16	印　张：14.75
版　次：2020年6月第1版	印　次：2020年6月第1次印刷
字　数：220千字	定　价：66.00元
ISBN 978-7-5130-6810-9	

出版权专有　侵权必究
如有印装质量问题，本社负责调换。

PREFACE 前言

投资是热恋，破产是人生。这里套用一句流行的心灵鸡汤：拥有的都是幸运，失去的才是人生。

我们很爱很爱埃及……

来自商务部、国家统计局和国家外汇管理局《2017年度中国对外直接投资统计公报》数据显示：截至2017年年底中国在非洲地区的直接投资存量为433亿美元，其中对埃及直接投资存量为83484万美元，排在非洲阿拉伯国家阿尔及利亚（183366万美元）和苏丹（120156万美元）之后，在22个阿拉伯国家中位于阿拉伯联合酋长国（537283万美元）、沙特阿拉伯（203827万美元）、卡塔尔（110549万美元）和科威特（93623万美元）之后，总体排第7位。虽然没能拔得头筹，但是最后提到的4个国家可都是"海湾阿拉伯国家合作委员会"（GCC）成员国。2019年1月我国商务部正式对外发布的2018版《对外投资合作国别（地区）指南——埃及》中又给出截至2017年年底中国对埃及直接和间接投资存量超过60亿美元的统计数字。

再看联合国贸易和发展会议（United Nations Conference on Trade and Development，UNCTAD）《全球投资报告2018》中有关对埃及直接投资状况的描述"……2016至2017年间直接投资明显下降了9%，随国际趋势温和下降；2017

年的直接投资达到了73.91亿美元，这有赖于中国对埃制造业投资的增加以及政府所启动的一系列改革……这个来自UNCTAD报告内容的重点不仅仅是数字，它更能反映出我们对埃之爱是有的放矢地付诸行动了。2014年12月埃及总统阿卜杜勒·法塔赫·塞西访华，双方将两国关系提升为全面战略伙伴关系；2016年1月国家主席习近平回访埃及，为推动双边关系进一步发展，全面落实两国战略伙伴关系，双方又发表关于加强两国全面战略伙伴关系的五年实施纲要。现任埃及投资与国际合作部部长的萨哈尔·纳斯尔（Sahar Nasr）曾向媒体公开表达说："如果能有更多来自中国的对埃及制造业的投资，这不但能给我们创造更多的工作岗位，减少某些特定产品进口的同时还可以将我们的产品出口到欧洲和非洲其他国家，这是一个双赢的局面。"埃及部长的期许没有落空，中国对埃及制造业的投资一直不断，而且为埃及投资增长做出了应有的贡献。除上文提到的截至2017年的投资存量外，我们还为当地创造了1万多个就业岗位，中埃双方共建的苏伊士经贸合作区已吸引了30多家制造业企业入驻（6平方公里拓展区首期2平方公里已有10余家拟入驻企业在谈，2019年6月15日浙江恒石纤维基业有限公司作为我国境外经贸合作区首个升级试点项目签约入驻拓展区）。中国对埃及的爱是真诚的和付诸行动的，中埃两国不仅提升了全面战略合作伙伴关系，而且还有实施纲要来具体落实；更重要的是UNCTAD《全球投资报告2018》作为"证人"给予了证明。

2017年5月31日，埃及颁布了2017年第72号《投资法》。该部被称为"新《投资法》"的法律与1997年第8号《投资保障和鼓励法》相隔20年，这部法律的出台，也正是UNCTAD《全球投资报告2018》中那句"政府所启动的一系列改革……"的部分映射，颇具"杨家有女初长成，养在深闺人未识"的吸引力。

新《投资法》为了鼓励投资，以法条的形式规定：甲类区域设立投资项目，投资成本给予50%的折扣，简化设立程序使得申请人动动手指就可以在网络终端完成，对一般投资进口的生产设备将5%的关税降到了2%，设立由投资和自由贸易区总局主管的"一个窗口对外"的投资者服务中心等。这让埃及2018年12月的直接投资比2017年增加了17.41亿美元，使投资存量由2017年的1096.6亿美元增长到1184亿美元。就直接投资的增长率而言，同比增长了约25.5%，而2017年的同比增长率为-8.8%（2016年直接投资81.07亿美元，2017年为73.91亿美元）。一部新《投资法》的出台，直接效果就使得投资增长率"由负转正"，而且是大幅增长，难怪世界银行《营商环境2019报告》将埃及的国际营商排位提升了8个位次，190个国家中由之前的128名提升至第120名。

可谓"天生丽质难自弃，一朝选在君王侧"。

但是，那是《长恨歌》。

世界是一个大市场，谁也压盖不了埃及新《投资法》释放的巨大吸引力，这种"拎包入住"式的市场准入在投资者面前就是一个字——爽；而成熟的投资者则一定会在考虑市场准入的同时提前做好从市场退出的风险预案。埃及新《投资法》第三章第三节关于公司自行清算作出了相应的规定，受新《投资法》和1981年第159号《股份公司、股份有限合伙企业和有限责任公司法》调整的公司不仅要通过商业登记机关履行相应备案和公示程序，还要向投资和自由贸易区总局进行申报，并最终由投资和自由贸易区总局批准后才能在商业登记机关完成注销，颇有从哪个口进来，还要从哪个口出去的"回溯感"，但"回去"要比埃及本土企业多了一个"包袱"——投资和自由贸易区总局的"审批章"，而且这只是自行清算后解散，如果未能就清算达成一致呢？后续的法律程序接口在哪里？外籍合伙人或股东在和你"热恋"时什么都好说，一旦要和你"离婚"，那就是"各回各家各找各妈"了。同时，新《投资法》可没有规定投资和自由贸易区总局有义务为退出市场的投资者的权益服务。

从外部经营角度来看，埃及目前司法实践给我们的启示：一旦企业因一时资金周转不便未能支付哪怕是一期货款，就有可能被债权人申请宣告破产，一旦被法院裁定破产，如果没有2018年颁布实施的该部《重整、破产拯救和解及破产法》（以下简称新《破产法》），企业就没有回头路。投资者作为董事会成员或管理人员，除被剥夺诸多权利（本土当事人涉及政治权利）外，还可能面临"牢狱之灾"，因为"破产入刑"。投资者作为债权人时，如何应对本土企业的破产，尤其在 2019 年 7 月各大网站相继登出《长城汽车被俄罗斯经销商骗 3 亿，对方已破产，四年官司仍无结果》的报道后，是否脊背一凉，开始考虑如何在因破产涉诉后保障自己的权益最大化？同时，中东地区局势不稳引发的市场恐慌，必然也会带来一波撤资风潮。埃及公共动员和统计总局曾做过一个统计，2011 年"1·25"革命后，前 10 个月有 785 家公司因破产涉诉，同比 2010 年增加了 26%。市场越不稳定，相应案情就越复杂。我国台湾地区著名民法学家王泽鉴教授曾说："法学乃实用之学，旨在处理实际问题。"而最实际的问题就是"现金为王"，一方面债权人想尽办法追索债务实现债权；另一方面就是债务人穷尽一切手段减少债务，解除因宣告破产带来的各种限制，以期自己的"商誉"再次活跃。但是如果对破产法不查，那么得到的清偿也可能被追回，手里的抵押权、留置权也可能无效，甚至转移的所有权也会被撤销；或者自己拥有所有权的东西无法取回、出租出去的东西被售卖后无法等价赔偿；或者所担保的企业破产自己的企业也会被申请破产，资产也会被冻结、保全等，风险不可谓不多。上文刚提到的"破产入刑"，笔者认为这可能是投资者最关注的一种风险，作为埃及第一部也是最新的《重整、破产拯救和解及破产法》在 2018 年颁布实施之前，投资者可能会面临的风险情况大体如下。

（一）刑事方面的风险

埃及现行的 1937 年第 58 号《刑法典》（目前最新修订于 2018 年 4 月）对以欺诈手段或过失引起的破产犯罪做出了相应的处罚，该法第 328、329 条对以欺诈手段破产犯罪处 3~5 年有期徒刑；第 330~334 条对过失引起的破产犯罪处 2 年以下有期徒刑。

第 328 条

商人在下列情形下中止支付债务为欺诈性破产犯罪：

(1) 隐匿、销毁、调换账簿的；

(2) 挪用、私藏部分财产造成债权人损失的；

(3) 以欺诈方式自认或自揽虚假债务的，不论该行为以何种方式，包括自书记录、资产负债表及其他纸质文件，口头承认以及明知拒绝提交文件或说明的后果仍不予提交等。

第 329 条

欺诈性破产犯罪的，以及参与该罪的从犯，处以 3 至 5 年有期徒刑。

第 330 条

过失指一般因商人不够谨慎或疏忽大意而导致债权人损失，具有下列情节之一的认定为过失破产犯罪：

(1) 被认为个人花销或家庭支出过高的；

(2) 在赌博、单纯购买彩票以及任何虚构业务上花费巨大的；

(3) 高买低卖商品以拖延宣告破产的，或以制造借款、发行债券或其他方式导致借入资金发生重大损失拖延宣告破产的；

(4) 以欺诈方式和解的。

第 331 条

商人有下列行为之一的属过失破产犯罪：

(1) 未按照《商法》第 11 条规定编制账簿的，未按《商法》第 13 条规定清点核对账目的，账目不全或账目混乱导致无法得知财务状况的，同时不得有欺诈行为；

(2) 未按照《商法》第 198 条规定期限内对中止支付进行通告的，未按照《商法》第 199 条规定提交资产负债表的，或未按照《商法》第 200 条规定被证实提交的数据不真实的；

(3) 在中止支付后故意向某一债权人清偿或设定优先权损害其他债

权人权益的,为让对方接受和解而给予特别好处的;

(4) 在被宣告破产前已对之前和解进行承诺的。

第 332 条

股份公司破产的,其董事会成员或管理人员一经查实触犯本法第 328 条规定情节按欺诈性破产犯罪论处;或通过弄虚作假、欺诈方式导致公司破产的,尤其表现在通过发布虚假认缴、实缴资本信息,不切实际的利润分配以及弄虚作假超公司获批设立协议范围经营为自己谋取利润等方式导致公司中止支付的。

第 333 条

股份公司破产的,其董事会成员或管理人员具有下列情节的按过失破产犯罪论处:

(1) 查实具有本法第 330 条第 2、3 款以及本法第 331 条第 1、2、3、4 款情节之一的;

(2) 不按法定方式公布公司所达成协议,弄虚作假的;

(3) 参与与公司基本章程规定有别业务的。

第 334 条

过失破产犯罪的,处以 2 年以下有期徒刑。

(二) 民商事方面的风险

埃及现行的《民法典》是 1948 年法鲁克国王（1936—1952 年执政）签署的第 131 号《民法典》,于 1949 年 10 月 15 日起生效。该法以法国《民法典》为蓝本,主要对自然人基本的民事权利和民事活动进行调整,尤其在自然人之债方面的规定至今仍然适用,几经修订后和 1986 年第 13 号《民商事诉讼法》、1999 年第 17 号《商法》、1981 年第 159 号《股份公司、股份有限合伙企业和有限责任公司法》以及 1937 年第 58 号《刑法典》一起,构成对埃及民商事交易调整的法律体系。《民法典》相对于《破产法》这个特别法来说只是起到

"垫底"的作用，但其所规定的法律概念是整个民商法体系的出发点和落脚点；凡是特别法没有规定的但又不妨碍援引一般法主张权益的，不论是债权人还是债务人都需要尽力检索，力求滴水不漏。涉及《民法典》上的风险主要是新《破产法》中没有明确规定但是也可以主张的权利或应注意的时效，包括但不限于以下几条：

第 134 条

履行金钱债务的，债务人应按合同约定数额清偿，清偿时不论其升值还是贬值。

该条应引起投资者极大的注意。埃及自 2016 年 11 月 3 日实施自由浮动汇率以来，埃及镑在民间兑美元的汇率一度曾贬到20∶1，而曾几何时埃及镑几乎和人民币是1∶1的等值状况，甚至比人民币稍高。参考 2019 年 6 月埃及央行汇率价格，埃及镑兑美元的买入价保持在16.7∶1，卖出价在16.8∶1的水平。2016 年 12 月 6 日中国人民银行与埃及央行签署了双边本币互换协议，中埃两国之间可以使用人民币进行跨境贸易结算。这就是说，除了可以在合同中约定使用汇率稳定的自由流通货币（如美元、欧元等），还可以使用我国的人民币——同样坚挺的货币作为合同约定的支付币种，以规避本币贬值风险。

第 140 条

（1）认定合同无效的，当事人应在 3 年内行使，期限届满后该权利消灭；

（2）当事人丧失行为能力的，自该事由消失时起算；有误导或欺诈行为的，自当事人发现之日起算；有胁迫行为的，自胁迫行为结束之日起算；无论何种情形，自合同订立之日起经过 15 年，不得以有误导、欺诈或胁迫行为为由认定合同无效。

第 141 条

（1）约定必须遵守类合同（Pacta Sunt Servanda），除双方同意或具有法定理由外，不得撤回或修改。

（2）因意外事件造成债务继续履行会导致债务人承受沉重负担而蒙受重大损失的，法官根据实现情况，在权衡双方当事人权益后，可将沉重债务在合理范围内清偿；另行协商的无效。

第 226 条

债务人延迟履行金钱债务的，数额在请求时明确，属民间借贷的须向债权人支付 4% 的延迟支付利息作为赔偿金；属于商业债权债务的须向债权人支付 5% 的延迟支付利息作为赔偿金。合同对此未予以约定的，商业惯例或法律未有其他规定的，该利息自立案之日起算。

埃及 1999 年第 17 号《商法》主要是调整商业债权债务关系的法律，该法确立了"商人"这个概念，而其整个第五章"破产清算"是新《破产法》立法的基本框架。

第 586 条

（1）经破产清算法官、检察院、破产管理员或监督员申请，法院可在必要时拘留破产人或限制其出境。破产人不服的可向法院复议，复议期间该决定不停止执行。

（2）法院可在任何时间撤销拘留破产人或限制其出境的决定。

第 588 条

（1）被宣布破产者，除非限制解除，否则剥夺其行使政治权利以及担任议会、地方议会议员资格；不得成为商业协会、工业协会、工会、职业团体成员；不得担任任何公司经理或成为董事会成员，不得从事银行业务、商业代表、进出口代理，不得担任证券买卖经纪人或公开拍卖师等。

（2）被宣布破产者，不得代理他人管理或处置资产；经法院准许后破产人可管理其未成年子女财产，但不得对未成年子女权益造成损害。

第 712 条

除欺诈性破产犯罪的，本法第 588 条剥夺或限制的权利在破产终结后经过 3 年解除。

除民法上的风险一直存在外，在新《破产法》颁布实施前，投资者在刑法、商法上的风险是巨大的。一个过失行为就可能坐牢，这样的震慑力和描绘崭新投资气候的新《投资法》的"大度"不匹配。为配合新《投资法》的市场准入，必然要匹配一部新《破产法》来调整市场退出。

新《破产法》会不会对投资者还那么"严酷"呢？

CONTENTS 目录

第一章　破产法背景及现状 ············· 001
　　第一节　埃及破产法背景 ············· 001
　　第二节　埃及破产案件的司法环境 ············· 004
　　第三节　破产清偿率问题 ············· 009

第二章　埃及新《破产法》特点 ············· 013

第三章　一般规定 ············· 034
　　第一节　适用范围 ············· 034
　　第二节　破产原因 ············· 048
　　第三节　调解程序 ············· 060

第四章　重整程序 ············· 065
　　第一节　重整程序的申请 ············· 065
　　第二节　重整受理 ············· 070
　　第三节　重整计划的批准 ············· 071
　　第四节　重整计划的执行 ············· 073

第五章　破产拯救和解程序 ············· 075
　　第一节　破产拯救和解程序的申请 ············· 075

第二节　破产拯救和解的接受 …………………………………… 082
　　第三节　破产拯救和解的启动 …………………………………… 085
　　第四节　和解会议 ………………………………………………… 089
　　第五节　破产拯救和解协议的签订 ……………………………… 093

第六章　宣告破产程序 …………………………………………………… 099
　　第一节　申　　请 ………………………………………………… 099
　　第二节　受　　理 ………………………………………………… 104
　　第三节　宣告破产 ………………………………………………… 105
　　第四节　破产管理人 ……………………………………………… 118
　　第五节　企业破产 ………………………………………………… 123

第七章　清算分配 ………………………………………………………… 129
　　第一节　最终无争议债权清单 …………………………………… 129
　　第二节　实现清偿 ………………………………………………… 132
　　第三节　破产清算中和解 ………………………………………… 146
　　第四节　破产终结 ………………………………………………… 150

第八章　限制解除及罚则 ………………………………………………… 151
　　第一节　限制解除 ………………………………………………… 151
　　第二节　罚　　则 ………………………………………………… 154

附　录 ……………………………………………………………………… 158
　　附录一　2018年第11号法律——《重整、破产拯救和解及破产法》… 158
　　附录二　重整、破产拯救和解及破产法 ………………………… 159

第一章 破产法背景及现状

埃及新《破产法》出台之前，埃及适用的是"破产规则"，之所以不用书名号，是因为它并不是"一本书"，而是一个合订集。这些规则散落在民法、商法、民商诉讼法、刑法等成文法典的章节中以及长期司法判例的经验总结中，但大部分的内容都源自 1883 年的《商法》，故下面先通过简单回顾该部法律出台的历史背景以了解有关破产的法律是如何在埃及诞生的，然后简要介绍一下目前埃及破产案件的司法环境以及和埃及破产清偿率的问题。

第一节 埃及破产法背景

埃及 1883 年的《商法》中超过 80% 的法条与破产有关，而该部《商法》几乎是对法国 1807 年《商法典》的"拿来主义"。缘何埃及要"抄袭"法国这部法律呢？为了寻找答案就不得不从历史进程的角度看一下当时的埃及。小阿瑟·戈尔德施密特和劳伦斯·戴维森著的《中东史》里有两句特别能概括这一状况："从法老时代到 1952 年法鲁克国王倒台，埃及人从未当家做主过。即便埃及贵族，也以外国人为主——因此流行一句谚语：在埃及的土地上，好东西都归属其他人。"[1] 自 1789 年拿破仑远征埃及（埃及在 1517 年纳入奥斯

---

[1] 小阿瑟·戈尔德施密特，劳伦斯·戴维森. 中东史 [M]. 哈全安，刘志华，译. 北京：中国出版集团东方出版中心，2015：259.

曼帝国版图，直至1914年一直作为自治省存在），法国对埃及近代文明觉醒影响深远。这源于拿破仑不光是用枪炮征伐埃及，更绝的是他还带来了学者、科学家和艺术家，这些"西装革履"的知识分子深入"田间地头"和当地人"打成一片"，让看惯了裹着头巾穿着长袍的阿拉伯人感受了一番"人生若只如初见"般的动心，使法国文明流入了尼罗河的湍流中。如果说法国文明给埃及人带来了一次"洗礼"，那么它的成效不仅仅是让埃及"拿来"这么简单，更影响了之后埃及反抗殖民统治争取独立道路上一代一代领导者对法国的"热爱"和"追随"。法国军队入侵三年后，一位叫穆罕默德·阿里的阿尔巴尼亚裔军官率领他的军队赶走了法国人并迫使奥斯曼帝国苏丹任命其为埃及总督（阿语名为"瓦利"后改为"郝迪夫"，为埃及实际统治者）。这位埃及总督开创了埃及历史上的穆罕默德·阿里王朝，其子孙更是干了一件足以影响后世的大事——开凿苏伊士运河。1854年，穆罕默德·阿里第十子赛义德即位后（即赛义德一世，1854—1863年在位，任第四任总督）通过与法国人签订"租让合同"的方式下令修建苏伊士运河。法国人成立"国际苏伊士运河公司"，出钱出机器享有运河99年的使用权，埃及则负责召集劳动力并需出让运河土地。1859年4月运河正式开凿，数十万埃及劳动人民开始在沙漠中筚路蓝缕造就这一伟大工程。使用劳动力是要支付报酬的，法国这个带有殖民色彩的公司可想而知是不会这么"傻"的，那么推到最后就得动用埃及国库来垫付劳动者报酬，但是如此浩大的工程，国库也是伤不起的。赛义德一世的继任者，伊斯梅尔一世（穆罕默德·阿里之孙，1863—1879年在位）犯了一个"错误"：向法国和英国的财团借款。借到钱的埃及统治者解决完燃眉之急后当然不会再顾及开凿运河劳动者的死活，就算劳动者报酬可以赖掉，但是管老百姓的军队是要开饷的，可是这也困难起来（曾出现因缩减部分军官军饷而哗变的事件）。到1875年，埃及总督伊斯梅尔一世中止了对法国和英国债务利息的支付，还不起了。这也是西方殖民者的阴谋，他们就是要埃及政府破产，从而在经济上控制埃及。要破产得有一个法律依据，可那时的埃及连立法机构都没有（1866年伊斯梅尔一世为如何偿还债务召集了埃及贵族会议，但其不等同于具有立法权的议会），哪来的法律。法国和英国的债主可不管，他们要伊斯梅尔一世宣布埃及破产并要求其强行颁布一部《破产法》，将国家收入的50%用于偿还债务，伊斯梅尔一世在"丧权辱国"的大是大非面前予以拒绝。法国和英国的债主于是另立新君，让更容易摆布的穆罕穆德·陶菲克（伊斯梅尔一世之子，1879—1892在位）继任总督，并利用贵族会议通过了对埃及来说带有"丧权辱国"性质的破产法，目的就是让埃及政府低头，让其立法权、司法权彻底"沦丧"，继而是向下"入侵"整个埃及社会经济。随着1869年苏伊士运河的通航，越来越多的欧洲人来到埃及并通过这个连接欧亚大陆的咽喉要地竞相追逐瓜分亚非国家的"美梦"。为了确保殖民者能稳定地"统治"埃及、一劳永逸地攫取利益，于是直接拿来法国的1807年《商法典》，改名成埃及《商法》，甚至都不翻译成阿拉伯语。

通过上一段对当时历史的通俗描述，我们可以总结出两个关键词：苏伊士运河与破产法。埃及破产法的诞生，苏伊士运河的开凿是起因，无力偿还欧洲财团的借款是根本原因，而其本质是欧洲殖民者统治压迫埃及人民的借口和工具。这样一部带有殖民色彩的法律为什么直至1999年第17号《商法》的颁布才正式取代它呢（未完全废除，后文会继续说明）？

埃及大量的国有企业，它们不需要担心破产问题。

还要再简单回顾一下埃及现代历史，奥斯曼帝国在第一次世界大战站错了队，在英国宣布埃及为自己的保护国后它对埃及宗主国的地位也丧失了，此后直至1953年埃及建立起现在的阿拉伯埃及共和国才算真正独立。有关埃及的国家制度，很难用二分法定义为"社会主义"或者是"资本主义"。[1] 埃及取得民族独立后，在生产资料所有制上保留了"个人私有"。参考埃及1971永久宪法，所有制形式有三种，分别为"国有制（Public Ownership）、合作制

---

[1] 毕健康. 埃及现代化与政治稳定[M]. 北京：社会科学文献出版社，2005：85.

（Co-operative Ownership）和私人所有制（Private Ownership）"。虽然存在私人所有制，但主导国民经济的部门几乎都由国家经营，包括1956年收归国有的苏伊士运河，也由"埃及苏伊士运河管理局"用行政方式经营。可以粗略地讲，埃及在取得民族独立后到1995年加入世界贸易组织（WTO）期间，一直在生产资料国家所有为主导的模式下开展生产与经营活动。国家主导经济活动的好处就是给企业托底，通过供应大量的现金来避免资金链的断裂，企业也就不会去担心破产问题。但是随着埃及市场的开放，外资也好，国内私营部门也好，都会要求与国有企业一样作为平等主体参与市场竞争。企业有"生"便有"死"，不能长生不老下去，然而要单独为企业破产立法，使其成为一部独立的商业单行法律阻力非常大。加之，埃及私营企业在20世纪末21世纪初相对稳定的政治环境下蓬勃发展，与其出台单行破产法不如因袭旧法的模式，将其纳入1999年《商法》中，于是有关破产的规定都写在了该部商法的第五章。

第二节　埃及破产案件的司法环境

埃及的司法环境是个很大的命题，这里递进的逻辑关系是，有关破产案件受理的法院原来是基层法院，2008年后调整为经济法院，经济法院的级别属于中级，即埃及的上诉法院。埃及整个法院体系是三级，上诉法院上面还有一个最高法院（Court of Cassation，Cassation为法语，本意是撤销原判，名称上没有使用英语Supreme，由此对埃及因袭大陆法系法国法程度之深可见一斑）。埃及是两审终审制，对基层法院裁判不服的可以诉至上诉法院，对于破产等经济案件，因为经济法院本身是上诉法院级别，而最高法院理论上不对案件进行实质性审理，只对程序及适用法律问题审查，所以为了解决这个审级的问题，在经济法院内又设立了相当于基层法院的初审巡回法庭和上诉法院级别的二审巡回法庭，自行构建了一个"两审终审"模式。

一、诉讼时间和费用

对于埃及破产案件而言，读者最关心的恐怕就是诉讼时间和费用的问题。打官司在埃及会很耗时吗，诉讼费用会很高吗？

先给答案：很耗时，不便宜。

诉诸法院的救济方式，或者我们老百姓通常讲的走诉讼程序在埃及时间长是正常现象。一般从立案到第一次开庭，经历几个月是常事，一场官司花三五年时间才有终审判决也不例外。而且即便终审判决下来了，执行更是个头疼的问题。2004年对执行制度进行了一次调整，原来是每个法院都设有自己的执行局，调整后改为"单一执行"模式，只在每个城市的基层法院设立执行局。这样的调整本来是冲着精简机构、节约司法成本角度去考虑的，但是实践中却造成了裁判书传递、裁判书确认等程序冗余上的耗时，比如原来是其他法院作出的生效裁判由自己的执行局去执行，现在要转到基层法院的执行局来执行，这对执行局的法官而言，从观念上自然会产生一个"抵制"——我只负责执行本院的裁判（工资本院发放），其他法院的裁判书"事不关己，高高挂起"。同时，被强制执行一方为了拖延执行方法也是很多，如提起执行异议之诉，几个月的拖延对申请人来说也是无可奈何。更细节一点说，在判决文书勘误方面，目前埃及的司法实践是可对模棱两可或者用词错误的文书采取再次诉讼的方式，而不是采用勘误裁定的方式，这又大大延长了执行时间。到这里就算胜诉当事人熬过上述时间，执行款项能否真正落袋还不能确定。这里最典型的例子就是行政赔偿案件，法院执行局来找行政机关执行款项，行政机关会说："这笔钱的预算还没有批"，至于会不会批，什么时候批，也许要经年之后。

对于诉讼费用，通常是诉讼标的额的 7.5%，执行费是 2.5%；对比一下我国的，虽然各地法院的计算稍有差异，但可以体会一下基础收费标准——诉讼费是标的额的 2.5%，执行费是标的额 1.5%。

二、经济案件法官队伍建设仍处于滞后状态

在我们的印象中似乎阿拉伯人的生活节奏就很慢，即便做了法官，这种根植血液中的"传统"也很难改变。随着经济发展和吸引外资力度的扩大，高效处理不断涌现的各种经济纠纷以及司法实践中要求与国际接轨的客观现状会促使埃及加快司法改革的步伐。但目前，不得不说埃及经济案件法官队伍建设仍显滞后。

关于法官的任命，埃及1972年第42号《司法机关法》第38条作出符合如下条件的规定：

（1）阿拉伯埃及共和国公民且具备完全民事能力；

（2）任职基层法院不得小于30周岁，任职上诉法院不得小于38岁，任职最高法院不得小于41周岁；

（3）取得阿拉伯埃及共和国境内大学法学院法学学位或与此相当的外国大学学位以及通过根据有关法律法规进行的程度相当的考试；

（4）未曾受法院裁判或道德审查纪律委员会裁处，即使名誉已恢复；

（5）品行端正，声誉良好。

关于基层法院法官的来源，紧接着该法第39条又作如下规定：

（1）前基层法院法官以及依法从事类似职能工作的人员；

（2）优等的助理检察官；

（3）连续任职满四年的助理检察官；

（4）国会议员、政府司法行政机关或行政检查机关优等雇员；

（5）执业达9年且连续满4年办理过上诉法院案件或者根据最高

司法委员会发布的公共组织决定所认定的同等司法类工作的律师；

（6）阿拉伯埃及共和国法学院教学组成员、教授大学里法律科目的教学组成员以及根据最高司法委员会发布的公共组织决定所认定的同等司法类工作从业人员，须连续从事该法律性岗位满9年且与任职法官级别相同、工资级别相同。

可以看出，埃及的基层法院法官的遴选范围还是很广的，除了以前的法官，符合一定条件的检察官、议员、公务员、律师以及大学里的法律教师等都可以成为法官。这里的遴选法律没有规定要进行统一的考试，只要通过对候选人的面试就可以了。笔者在参阅相关资料时发现，成为法官的人员中检察官占比很大，而这些人成为法官前的司法经验多涉刑事类或行政类案件，对商法领域而言，缺乏具体工作实践。为此，坐落于开罗的"国家司法研究中心"，作为埃及领军的司法培训机构就肩负起了对缺乏这些经验的初任法官进行商法类、经济法类进行培训的重任。可以说，目前埃及没有像我国的法律资格考试一样的统一的司法类考试，而采取的更像是"不拘一格降人才"的遴选制度，不可否认在初任基层法官问题上其具有一定的灵活性，但更不能否认的是这些要办理经济类案件法官的"底子"并不厚重。

三、埃及法院对外交流尚需发展

谈到这个问题，还是"以案说法"更好一些，这里拿出的案例是国际投资争端解决中心（International Center for Settlement of Investment Disputes, ICSID）的一个比较典型的涉及国外投资者与埃及政府之间纠纷的案例。该案申请人是意大利两位投资者瓦吉·埃利·乔治·西亚格（Waguih Elie George Siag）先生和克洛林达·韦奇（Clorinda Vecchi）女士，该案被申请人是阿拉伯埃及共和国（以下简称"Siag诉埃及政府"）❶。

---

❶ 案卷编号：ICSID Case No. ARB/05/15。

申请人 Siag 一方的主要财产性诉求是要求埃及政府赔偿近 8000 万美元（7400 万美元及利息）损失，当然埃及政府要求驳回。

案情简单回顾一下，Siag 一方作为主要投资人在埃及投资设立了两家公司：旅游投资及酒店管理（西亚格）股份有限合伙企业 [Touristic Investments and Hotels Management Company (SIAG) S. A. E.，以下简称"SIAG 企业"] 和西亚格塔巴公司（Siag Taba Company，以下简称"TABA 公司"），SIAG 企业在 1989 年从埃及旅游部手中购买了红海亚喀巴湾（Gulf of Aqaba）临海土地用于建造度假村，随后 SIAG 企业逐步将公司资产转移到 TABA 公司处。到 1995 年，埃及政府开始对 Siag 一方的投资进行征收，包括其资产及正在建造中的度假村。为此 Siag 一方向 ICSID 提交仲裁，主张埃及政府违反了数款《意大利—埃及双边投资协定》（Italy-Egypt Bilateral Investment Treaty）中所规定的义务：①未能保护其在埃及的投资；②未能对其进行公平合理的补偿；③对其投资项目采取毫无理由的歧视性手段；④未对其适用最惠国待遇原则。作为被申请一方的埃及政府进行了相应的抗辩，但未获得仲裁庭的支持，最终在 2007 年 4 月 ICSID 作出的仲裁裁决中败诉。埃及政府于是再次提交了两个抗辩理由，其中之一是 SIAG 企业在 1999 年 1 月 16 日已经宣告破产，该破产的追溯效力至 1994 年 8 月，所以 ICSID 企业并不具备适格主体申请仲裁。

埃及政府所提交的这份抗辩其实也是"理由充分"，SIAG 企业确实是从 1994 年 8 月就产生了债务纠纷而且长达 5 年之久，直至 1999 年 SIAG 企业宣告破产。上面提到 SIAG 企业将其资产转移到 TABA 公司就是一种经营上的"策略"。根据"破产规则"，宣告破产的公司或企业由管理人接管，公司或企业的一切涉诉事由都由管理人代为执行。1995 年的征收行为发生在可追溯效力的宣告破产前 5 年，当然可以认定 Siag 先生不适格再去仲裁了。被申请方埃及政府有理有据地"自圆其说"，ICSID 还是给了埃及政府"面子"，以过时效为由（ICSID 规则第 41 条）未予采纳，最终在 2009 年作出的终裁中要求埃及政府支付给申请人 Siag 一方近 8000 万美元的损失。

重点是：在埃及国内的债权人怎么办？一方面 Siag 在境外收到了埃及政府给他的一张近 8000 万美元的支票，另一方面埃及国内的债权人却不能获得清偿。这种情况能否说是埃及法院的"滥权"呢？跨国投资者让自己在埃及境内的企业破产而在境外拥有大量的可清偿埃及国内债务的资金。可能有人会说这是两种不同的法律程序，救济手段不同，案由也不同，怎么能混在一起讲呢。但是事实上，值得同情的埃及国内债权人"吃亏"了，可也无可奈何。但避免的方法也不是没有，这需要从顶层设计上予以规制，通过签订国际协议或条约的方式，在运行上多加强国内法院的对外交流，形成一个可运行的工作机制，也许就能尽最大可能地满足不同的诉求。新《破产法》第 2 条第 2 款就规定，不违反埃及境内生效的国际协定，在埃及境内设有分支机构的商人，尚未在国外宣告破产的，可以通过其分支机构所在地专属管辖法庭宣告在埃及破产。可见法律是允许像 Siag 先生那么"运作"的，但同时也有保留，即可以通过签订国际协议或条约的方式来避免这种境内破产境外"逍遥"的情形出现。

第三节 破产清偿率问题

所谓破产清偿率，简单理解就是同一破产顺序破产债权获得清偿的比例。例如某一普通债权人最终债权清单确认其破产债权是 100 万元，实际拿到手里的钱只有 3 万，而剩余 97 万得不到清偿，那么就可以说破产清偿率是 3%。

这里选取了世界银行"营商环境报告"官网中有关埃及[1]的近 2 年数据，但该网站所采用的术语是回收率[2]，而非清偿率，不过经过分析有关埃及的数据后，对清偿率也会大概有个判断。

图 1-1 表示的是 2017—2018 年埃及办理破产的时间和成本。其他对比指

---

[1] http://chinese.doingbusiness.org/zh/data/exploreeconomies/egypt#DB_ri.
[2] 回收率是基于各个经济体中破产程序时间、成本和结果计算所得。详细可参见世界银行"营商环境报告"官网方法论的网页：http://chinese.doingbusiness.org/zh/methodology/resolving-insolvency.

标选取的是中东及北非具有代表性的阿拉伯国家以及经合组织高收入国家。可以发现埃及在办理破产时间上相比中东及北非其他具有代表性的阿拉伯国家要短,左边条柱所表示的时间为 2.5 年;但埃及在办理破产成本上相比中东及北非其他具有代表性的阿拉伯国家要高,右侧条柱所表示的破产成本,为不动产值[1]的 22%。

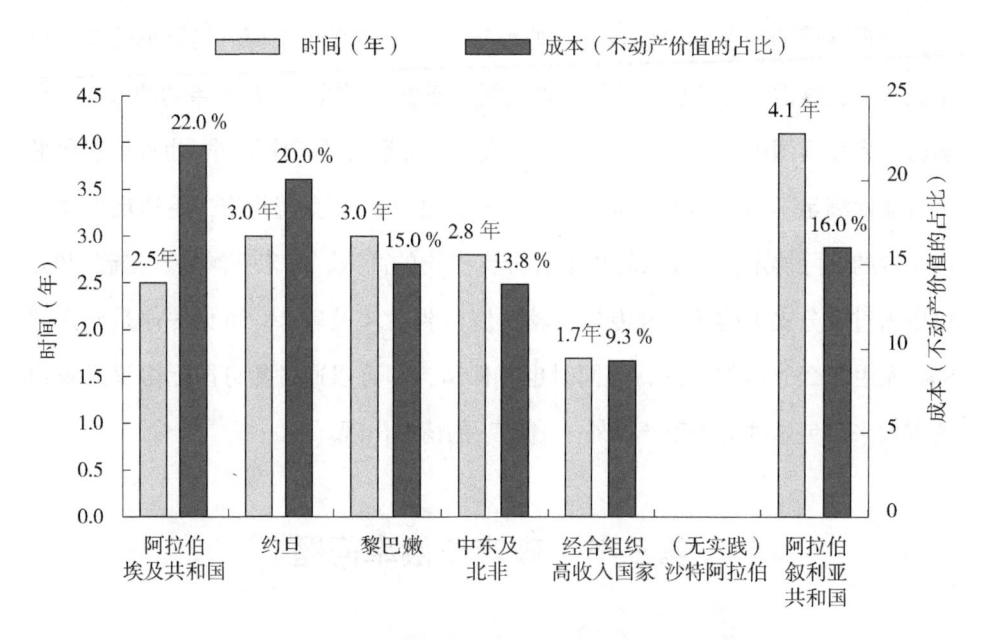

图 1-1 2017—2018 年埃及办理破产时间和成本

与经合组织高收入国家相比,埃及办理破产时间高于经合组织高收入国家的平均值 1.7 年,成本大大高于其平均值 9.3%。埃及在中东及北非地区内的办理破产时间稍短于平均值 2.8 年,但成本却高于其平均值 13.8%。

可以看出在中东及北非地区埃及办理破产的成本最高,办理破产时间上也不短,这正好映衬了上一节对埃及诉讼时间长的论述,也同时向涉破产案件的当事人传达了这样的信号:要沉得住气。

---

[1] 法律程序成本按债务人不动产价值的百分比记录。成本计算以调查答卷为依据,包括法庭费用和政府税费、破产管理费、拍卖费、评估费和律师费,以及其他一切费用和成本。

图 1-2 是 2017—2018 年埃及破产回收率情况，世界银行"营商环境报告"官网方法论中对回收率这一概念的解释是：回收率按债权人通过重组、清算或债务执行（抵押物没收或破产接管）等法律行动收回的债务占债务额的百分比来记录。计算时需考虑结果：法律程序完成后企业是会继续运营还是会被分割出售，然后，须将法律程序的成本扣除（债务人不动产价值的每个百分点计为 1%），最后，资金在破产程序期间被冻结所产生的价值损失需考虑在内，其中包括因酒店家具折旧而产生的价值损失。与国际会计惯例一致，家具的年折旧率按 20% 计算。这里假设家具占资产总价值的四分之一。回收率为剩余收入的现值，依据是国际货币基金组织《国际财务统计数据》公布的 2017 年末的贷款利率，以各国央行和《经济学人》信息部的数据为补充。

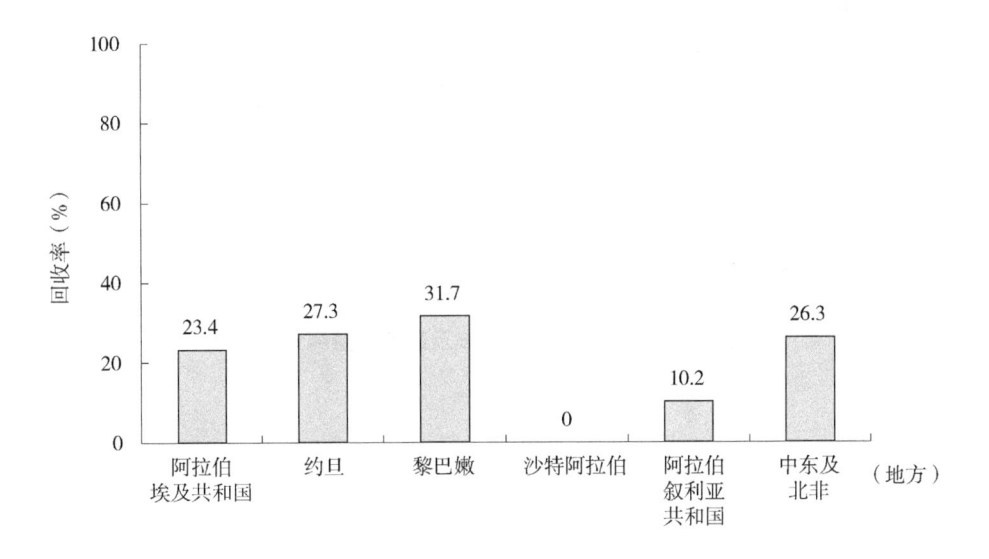

图 1-2　2017—2018 年埃及破产回收率

以上内容，回收率把重组、清算或债务执行也就说把重整、和解以及最后清算三种可能性都算进去了，而清偿率只是破产清算分配后能实际到手资金占总债权额的比例。我们可以看到中东及北非地区的平均值为 26.3%，埃及是 23.4%，稍稍低于该地区的平均值。笔者手中没有埃及企业各自在重整、和解以及破产清算三种程序中的选择比例，我们假设各占1/3，那么各除以3后，得到的清偿率为7.8%，可以粗略地讲埃及的破产清偿率真的不高。

图1-3是2017—2018年埃及破产质量测量表。里面涉及诸多的统计术语，笔者就不再展开解释，需要了解相关准确定义的读者，可参看世界银行"营商环境报告"官网方法论的网页。这里的提示就是，图表中数值大的，条状带越长的，就是表现好的。

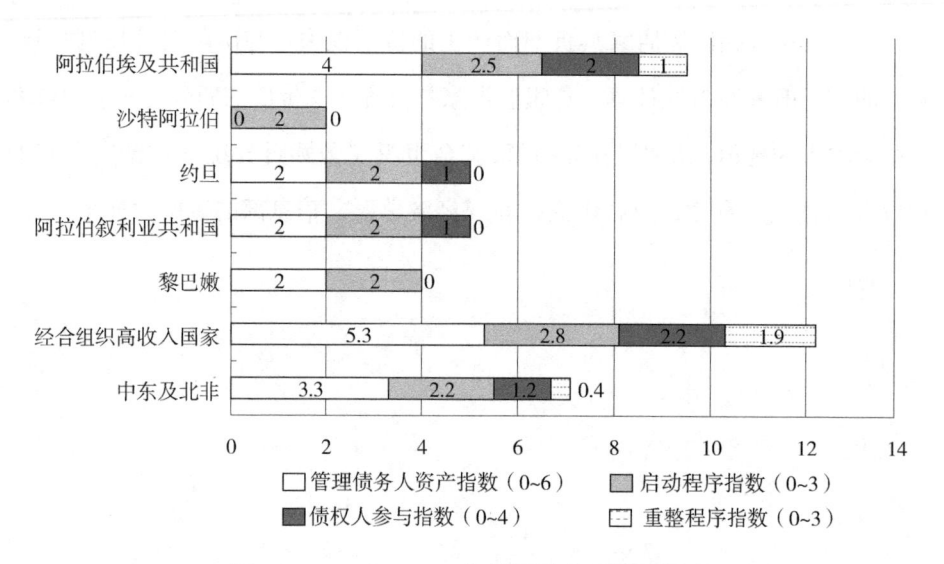

国家/地区	管理债务人资产指数（0~6）	启动程序指数（0~3）	债权人参与指数（0~4）	重整程序指数（0~3）
阿拉伯埃及共和国	4	2.5	2	1
沙特阿拉伯	0	2	0	
约旦	2	2	1	0
阿拉伯叙利亚共和国	2	2	1	0
黎巴嫩	2	2	0	
经合组织高收入国家	5.3	2.8	2.2	1.9
中东及北非	3.3	2.2	1.2	0.4

图1-3 2017—2018年埃及破产质量测量表

第二章　埃及新《破产法》特点

埃及新《破产法》分四章共 262 条，分别为第一章总则（包括第一节定义及司法权限和第二节重整委员会），第二章向破产管理机构提起的申请（包括第一节重整、第二节破产拯救和解、第三节宣告破产和第四节企业破产），第三章资产清算（包括第一节总则、第二节拍卖程序和第三节分配）和最后一章即第四章限制解除及罚则（包括第一节限制解除和第二节罚则）。而 1999 年第 17 号《商法》第五章破产及和解，共计 10 节 222 条，分别为：第一节宣告破产，第二节破产管理参与人员，第三节破产效力（包含及于债务人的破产效力，及于普通债权人的破产效力，及于对动产享有质权、留置权的债权人的破产效力，及于对不动产享有抵押权、一般优先受偿权或特定财产优先受偿权债权人的破产效力，对宣告破产前有效合同的效力以及取回权 6 个小节），第四节破产管理（包括破产财产管理、债权申报和资产不足破产终结 3 小节），第五节破产终结（包括公平受偿的终结、司法和解、和解中的权利放弃及债权人联合体 4 小节），第六节简易程序，第七节企业破产，第八节限制解除，第九节破产拯救和解以及第十节破产及和解犯罪。

以上内容中最直观的就是条目数量上的变化。新《破产法》共 262 条，而 1999 年第 17 号《商法》第五章是 222 条，多出来的 40 条就是新《破产法》的最大变化，"新"主要集中在两个部分：重整（第 15~29 条）和拍卖

(第 214~238 条）。如果说这两个部分是为破产法这棵大树"添枝加叶"的话，那么下面的四个特点则是对这棵大树的"整形修剪"。

一、概念明确，结构清晰，处处体现以"和"为本

1999 年第 17 号《商法》第五章的体例和新《破产法》比起来自然显得复杂而臃肿。新《破产法》体例的逻辑走向十分清晰，首先把概念定义下来，然后看经营能否"活"下来分别开出了"续命"的处方——重整和破产拯救和解，以及就此一了百了的"孟婆汤"——清算分配，最后是对破产人的处罚。这里的"活"是真活，而所谓的"孟婆汤"，即法院宣告企业破产也并不是真的只有"奈何桥"一条路，与我国《企业破产法》通常理解上的不同。我国《企业破产法》规定和解只能在法院宣告企业破产前提出（《中华人民共和国企业破产法》第 96 条），而埃及新《破产法》将和解贯穿整个破产清算程序之中，只要程序没有终结，什么时候提和解都可以（新《破产法》第 178 条）。

（一）概念明确

新《破产法》第 1 条，开宗明义把贯穿全文的 17 个概念定义下来，更因为是新法，把所新增或调整的概念一一厘清，做到内涵明确外延规矩。与 1999 年第 17 号《商法》第五章相比，新增破产管理机构和重整的概念，调整了经济法院的管辖范围和专家组成的范围。

1. 破产管理机构概念

新《破产法》对管辖法院主要由债务人商业住所地或公司主要营业地的经济法院管辖没有做出改变，但受理部门由"经济法院"变为法院内的"破产管理机构"，不论重整、破产拯救和解还是宣告破产的申请都归口于该专门机构。根据新《破产法》第 3 条规定，作为 2008 年第 120 号《经济法院法》第 8 条的例外，各经济法院设立名为"破产管理机构"的一个部门，由最低级别为上诉法院的法官担任负责人，组成人员包括足够数量的最低级别为基层

法院的院（庭）长，命名为"破产立案法官"，该机构人员从每一个审判年度开始的全体法官大会中选出，并为其配备足够数量的破产管理专家、行政人员和书记员。

2008年第120号《经济法院法》是于2008年11月生效的宪法类法律，制定该法的目的就是通过组成一个审级高一些、审判法官等级高一些的专门法院来解决经济纠纷，尤其是涉及因投资产生的各种纠纷，从而为保有投资、营造安全有序的投资环境保驾护航。埃及的经济法院级别相当于我国的中级人民法院，按照《经济法院法》第1条的规定，埃及的每一个上诉法院都要设立"经济庭"，命名为"经济法院"，以本院院长为该经济法院的院长，颇有"一个机关两块牌子"的味道。说该经济法院实际是上诉法院的经济审判庭也不为过，但是《经济法院法》的出台本身就体现了国家对经济类纠纷的重视，"拔高"了"经济庭"的地位，对外就是以相当于我国中级人民法院地位的专门管辖经济类纠纷的法院挂牌。经济法院虽有独立名称，但并未与上诉法院分家另过，而是属于"嵌入式"工作模式，因此在称呼上，称作经济法院或者经济法庭都不为过。经济法院分为两个庭——初审巡回法庭和二审巡回法庭，刚才提到经济法院院长即为上诉法院院长，其是经最高司法委员会批准后由司法部长任命的，法官则可以来自上诉法院也可以来自基层法院，皆由最高司法委员会选任。经济法院的初审巡回法庭须由三名基层法院院（庭）长级别的法官组成，二审巡回法庭则需由三名级别为上诉法院法官组成，其中一名为上诉法院（庭）长级别。以上可以小结出埃及对管辖经济类纠纷案件的级别及审理时组成合议庭的方式基本等阶于我国中级人民法院。

2008年第120号《经济法院法》第8条规定如下：

> 各经济法院应设立一个机构，负责解决争议及本院所管辖案件的立案审查，刑事案件、上诉案件及本法第3条和第7条规定的案件除外。
>
> 该立案审查机构由至少有一名最低级别为上诉法院的法官，其他成

员包括足够数量的从每一个审判年度开始的全体法官大会中选出的基层法院院长或法官组成，并为其配备足够数量的行政人员和书记员。

该立案审查机构自立案之日起30天内负责对争议解决和诉讼案件所提交的材料进行审查、研究案情、召开各方听证会，对各方诉求及其支撑材料制作笔录、找出各方异同点等。须经该立案审查机构负责人申请，法院院长才可对此期限延长一次，否则视为法院正式受理。

立案审查机构应致力于双方达成和解，在当事人接受和解情形下提出和解方案并由各方签字，依照《民商事诉讼法》的规定将该签字方案附在庭审笔录中提交到主管法院。为了履行职责需要，立案审查机构可求助于其所需的专家和技术人员。

由司法部长作出决定来确定立案审查机构的工作制度、传唤当事人出席审前会议的程序和时间以及该审前会议事实确认事项。

从上面2008年第120号《经济法院法》第8条法条内容来看，新《破产法》所设立的破产管理机构与该法所设立的立案审查机构十分类似，通过比较可以发现，在受案范围、法官级别以及职能方面发生了明显的变化，所以也就不得不排除适用。《经济法院法》第8条规定的立案审查机构主要负责经济类纠纷案件的立案审查，排除了刑事案件、上诉案件及该法第3条和第7条（即分别为对经济法院法官就所管辖案件所作的法庭令的复议案件和对经济法院法官就案件执行所作的决定或法庭令的复议案件）规定的案件。新《破产法》所设立的破产管理机构的受案范围仅限于重整、破产拯救和解及宣告破产。《经济法院法》中的立案审查机构的法官是由至少一名级别为上诉法院的法官和若干从基层法院中选任出来的法官组成；新《破产法》中的破产管理机构的法官由最低级别上诉法院的法官和若干基层法院院（庭）长级别的法官组成，在组成方式上后者的整体级别比前者稍高。最后在职能方面，《经济法院法》中的立案审查机构负责对经济类案件所提交的材料进行审查、研究案情、召开各方听证会、对各方诉求及其支撑材料制作笔录、找出各方异同点等形式审查和内容审查相结合的工作，同时还肩负有促成争议各方达成和解的工作任务。新《破产法》中的破产管理机构除了收齐并准备破产法庭审理所需的文件、制作权利人请求事项及相应支撑文件的记录等文字工作外，还有一项必不可少的任务——负责对重整、破产拯救和解及宣告破产的申请进行调解。

为了更清晰地了解这两个机构的差别，概括如表 2-1 所示。

表 2-1　破产管理机构和立案审查机构的区别

名称	区别	
	破产管理机构	立案审查机构
受案范围	重整、破产拯救和解及宣告破产	经济类案件
法官级别	一名上诉法院的法官+若干名基层法院院（庭）长	一名上诉法院的法官+若干名基层法院法官
职能	收集立案材料和准备开庭卷宗 必须组织调解	对立案材料形式审查和内容审查相结合 促成和解

从理论上讲，破产法属于经济法范畴，如果经济案件是个大圈的话，破产案件只是被其包含其中的小圈。实践中经济法院会不会在立案审查机构的旁侧根据新《破产法》规定另组一套人员，或者只是在立案审查机构的基础上"拔高"一下法官级别，继续"一套人员两个牌子"开展工作？因新《破产法》刚刚实施，没有相应统计数据公之于众，不敢妄下结论，但是笔者比较倾向于后者的方式。

2. 重整概念

新《破产法》第 1 条对重整的定义是：帮助商人摆脱财务困境、恢复营业能力的程序。其后第 15~29 条详细展开重整程序，该部分内容可见后文，这里简单提一下新《破产法》加入重整程序的背景。

埃及《商法》以大陆法系的法国《商法典》为蓝本，自然对破产规则的制定仿效法国。法国在1985年推出以法院为主导的有关困境企业司法重整的法律，1994年又对其进行了修订，埃及《商法》是1999年颁布的，为何在其第五章中没有加入重整的部分呢？笔者经过查阅彼时相关资料浅显地分析出两个原因：一是私营经济要求和国际接轨的呼声高；另一个是法院主导模式下难以解决的内部冲突显著。20世纪末和21世纪初的近20年时间埃及正处在经济发展最好的时期，私营经济不断涌现和蓬勃发展，外资尤其是来自美国经济援助溢出的民间投资效应也助推着埃及国内生产总值（GDP）的增长。私营经济对市场机制下进入与退出的规则要求与彼时实行的法律法规产生了矛盾，他们要求通过建立和国际接轨的破产制度来保护经营、活跃商誉，因此在建立"破产新秩序"的问题上更加倾向于美国破产法下债务人主导的、淡化法院功能的破产重整模式，于是也就和法院主导下的法国破产重整模式产生了严重的争论。之前提到过在埃及最不担心破产的就是国有企业，因为政府主导经济发展，可以通过不限于发行大量现金在内的各种金融调控手段避免国有企业破产。重整的最大特征之一就是需要外部资金的引入，国有企业有政府支持，都不担心破产，还需要什么外部资金？因此从根本上讲，对重整的立法热情并不是很高，那么即便是对重整立法，也是首选以法院为主导模式的法国司法重整模式为蓝本，但是面对私营经济要求自我主导的强大呼声，重整的立法脚步不得不放缓。另外，法院主导模式下难以解决的内部冲突显著。法国司法重整制度对公司股东及管理人员进行了严格的限制。一旦进入重整，其股份或发行的股票禁止转让，法院可自行解除其职位、剥夺其投票权，甚至强迫其出售股份或股票以及突破公司的有限责任让其承担公司的全部或部分债务。最"狠"的规定是剥夺公司股东及管理人员的政治权利以及对其施加从业限制。埃及《商法》对破产清算的商人或企业董事、管理人员最"狠"的规定也莫过如此，因为在埃及"破产入刑"成为一种长期的司法共识。但民间观念中欠债还不了钱而走向破产的大多是非国有性质的商人或企业，对立法者而言，不能伤及国有企业的管理人员，因为他们大都是"转业"的军官或政府委派的"官员"。如果重整都要效仿法国，股东或管理人员受到如此严格的限制，这就是让立法者对"自己人"动刀子，这在当时经济正在快车道上行进的埃及是绝对下不去手的。所以埃及当局在当时的历史背景下很难调和自身的这一矛盾，既然政府可以调控国有企业避免破产，那也没有必要再因为重整制造不必要的麻烦。

如今新《破产法》增加了重整这一制度，不得不说这是全球化背景下接轨国际的大趋势造成的，而最直接的原因莫过于埃及新《投资法》的出台，具有阀门效应的破产制度如不能倾向投资者方面考虑，势必会影响到埃及吸引外资的力度。面对跨国投资者全球布局的现状，一旦在埃及国内市场的投资项目因资金周转出现问题就要被诉走向破产之路，而把通过外部注资继续经营的阀门拧死，岂不"吓"到了投资者？更别说那些私人资本常使用的兼并或收购（Merger &Acquisition，M&A）手段进行跨国投资行为了。埃及当局当然更不愿意投资项目因可控债务问题就此死掉，不仅仅是少一个纳税主体的问题，更重要的是牵扯到饱含热情吸引投资的招牌。

新《破产法》的重整可以说是埃及对美国破产法重整制度和法国破产法重整制度的调和产物，具有适应当前吸引全球投资目光的兼容性。在尊重债务人主导的前提下，又加入了"重整委员会"这一机构对重整方案实质性审查的拍板权。美国《破产法》第 11 章准许债务人提出重整申请，某些情形下也准许债权人或破产管理人提出，经债权人通过后由法院核准。埃及新《破产法》为了更好地促成重整，设立了"重整委员会"这一新部门来沟通解决债务人和债权之间分歧并最终达成重整方案，同时不同于美国破产法一旦方案达成债务人债务了结恢复"原身"，埃及新《破产法》还是保留了法国破产法对债务人恢复"原身"考察期限以及某些从业限制的规定。

3. 经济法院管辖范围的调整

（1）地域管辖。新《破产法》第 2 条规定了地域管辖的标准，即由债务人的商业住所地或公司主要营业地的经济法院初审巡回法庭管辖，同时与1999年第17号《商法》第五章第559条相比增加了"主要营业地"和"主要营业地在埃及境外的，由其国内办事处所在地经济法院管辖"两处。尤其是后一条充分体现了对埃及新《投资法》调整的跨国投资者的关切。

同时在新《破产法》第2条第2款对在埃及境内设有分支机构的商人，尚未在国外宣告破产的，可以通过其分支机构所在地专属管辖法庭宣告在埃及破产。此处规定的前提由原来的"不违背埃及境内生效的双边或多边条约"修改为"国际协定"，即便未与埃及直接签订条约，只要彼此都加入某一国际协定的话，也会首先遵从协定，宣告破产管辖所依据的渊源相对扩大了。

（2）专属管辖。新《破产法》第83条第1款所有由破产引起的诉讼以及因破产对第三人提起的诉讼或第三人对此提起的诉讼都由破产法院专属管辖。1999年第17号《商法》第560条规定由作出宣告破产裁定的法院受理因破产引起的所有诉讼。这里就涉及案件移交审理的问题。新《破产法》一开始就确定专属管辖法院，省去了审理中案件移交专属管辖的麻烦。

新《破产法》第83条第2款的规定解释了破产引起的案件专指涉及破产时资产、破产管理、清算时资产或适用该法就涉及破产作出裁判的案件；而1999年第17号《商法》第560条第2款只是规定破产管理或适用该法就涉及破产作出裁判的案件，新《破产法》增加了"破产时资产"和"清算时资产"两项专属管辖范围，这样就彻底明确了专属管辖范围囊括到整个破产清算程序中，避免了理解上的分歧。

4. 专家组成范围扩大

1999年第17号《商法》第五章对专家的概念仅限于破产管理人、专职破产管理的机构（《商法》第571条）以及资产清点和评估时聘用的专家（《商法》第637条第4款）。新《破产法》则专门编制了专家花名册，为应对投资项目中可能出现的各种复杂情形用法律的形式"招募"了埃及的各路精英，作用就是为商人或企业继续"活下来"出谋划策。

新《破产法》第 13 条规定设立一个包括经济法院各类专家名单在内的有充足数量专家登记其中的花名册，命名为"破产管理机构专家花名册"。除经济法院各类专家外，其他专家可来自破产重整和资产管理领域的专业事务所和公司，有需要时也可以来自财政部、投资部、商业部、工业部、人力资源部、中央银行、投资总局、金融监管总局、证券交易所、商会总会、工业联合会、破产信托机构、评估专家机构或其他机构的专家。

（二）结构清晰

新《破产法》的结构十分清晰，重整、破产拯救和解及宣告破产三大程序均以二级题目的形式有序排列，暂不论商人的商业经营是否能持续，至少在形式上摆在面前的救济手段是可选的。而 1999 年第 17 号《商法》第五章一上来就灌"孟婆汤"（1999 年第 17 号《商法》第 550 条直接就规定宣告商人破产），这使大部分人都会印象深刻，这一上来就亮出把商人引向不归路的法条，是达到了震慑债务人的效果，但也同时吓到了投资者。

新《破产法》有序布局三大程序的同时，部分法条还"暗中"点明各种程序所具备的阶段性。如在破产拯救和解程序中，第 61 条规定申请人配偶和亲属请求和解的，只得从第二阶段开始参与和解商讨或对和解协议进行表决。在宣告破产程序中，第 95 条规定破产人的配偶或亲属在到第四阶段之前，以及在宣告破产前两年为破产人的合伙人、雇员、会计或代理人的，不得任命为破产管理人；第 106 条又规定进入到第四阶段前，破产人的配偶或亲属不得担任监督员或被任命为监督员机构的法人代表。"可气"的是，新《破产法》就是不明示何为第一阶段，何为第二阶段，何为最后阶段。为了让读者一目了然地把握该部法律框架，笔者特以图表的形式简单总结如图 2-1、图 2-2、图 2-3 所示。

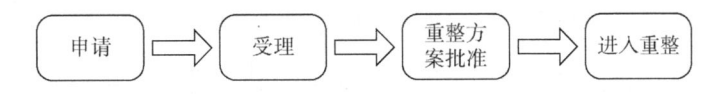

申请 ⇒ 受理 ⇒ 重整方案批准 ⇒ 进入重整

图 2-1 重整程序（第 15~29 条）

```
申请 → 接受 → 启动 → 和解会议 → 签订和解协议
```

图 2-2　破产拯救和解程序（第 30~74 条）

```
申请 → 受理 → 宣告破产 → 债权人大会 → 清算分配
```

图 2-3　宣告破产程序（第 75~191 条）

同时，新《破产法》对以上三个程序规定了由破产管理机构调解的前置程序（第 4~14 条）。也就是说不论是重整、破产拯救和解还是宣告破产申请，"先调"成了必经的阶段，如图 2-4 所示。

```
重整 ↘
破产拯救和解 → 破产管理机构 → 调解
宣告破产 ↗
```

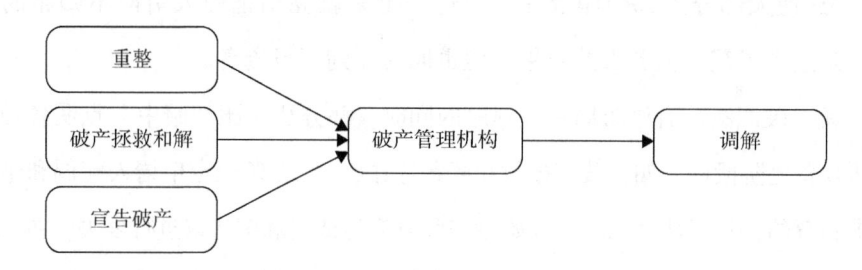

图 2-4　新《破产法》规定的必经阶段

（三）以"和"为本

这里的"和"指的是和解。新《破产法》第 178 条规定破产清算程序各个阶段，经利害关系人请求，破产清算法官都可以主持调解以达成双方签订和解协议。也就是说即便已经宣告破产，也可以进行和解。这一点和我国的《企业破产法》存在着明显的不同，我国法律规定企业在宣告破产前可以选择重整、和解，一旦宣告破产了就不能再走回头路。因为埃及新《破产法》有此规定，所以必然存在和解类型的问题。新《破产法》第 1 条定义中的和解及第 30~74 条展开和解程序中的和解，其阿拉伯文为الصلح الواقی من الإفلاس，而进入宣告破产程序后进行的和解阿拉伯文为الصلح，可以看出前者的和解存在着"定语"，以宣告破产为分界线的话，前者是债务人虽然临近破产边缘但是为了避免破产而进行的和解；后者是进入了破产清算程序债务人变成了破产人后，与债权人达成和解。同时新《破产法》第 197 条规定法院宣告企业破产时，应同时宣告企业所有普通合伙人破产。这就意味着宣告企业破产后，企业的破产清算和各个合伙人的破产清算独立进行，企业在其自身的破产清算中可以与债权人达成和解，各个合伙人也可以在各自的破产清算中与债权人达成和解。再有破产清算阶段的和解涉及公司实际"股东"或隐名股东能否"逃脱"被宣告破产的问题（第 198 条）、公司股东或出资人补缴注册资金中的剩余出资额或股份问题（第 200 条）等。之所以将和解贯穿各个阶段，笔者认为正是该部新《破产法》以"和"为贵、善待投资者破产时的表现，选择和和气气地解决问题，就能尽早解除对政治权利及从业限制（第 111 条及第四章第一节）、解除居住限制（第 110 条）、解除限制出境令（第 109 条）等；反过来看，同时投资者开展投资前选择设立何种类型公司时也应提前做好应对策略，因为新《破产法》在一定程度上突破了企业或公司在合伙人或股东有限出资方面的限制，毕竟"以虞待不虞"还是好一些。后文会对和解程序展开详细的解读，这里只是从该法顶层设计的角度告诉读者：和解无处不在。

二、法定期限向有利于保护债权人权益方向调整

新《破产法》和 1999 年第 17 号《商法》第五章相比，第二大明显的特点就是法定期限的调整，对有利于债权人方面的期限给予了延长，对债务人或破产人履行清偿义务的期限予以缩减，从而顺应经济全球化背景下高效率活跃商誉的趋势，使得投资者在某个产业或行业投资"断臂"后可在其他领域中再次以"康复"的状态另起新业，对债权人而言也不必总是纠结在漫长的债务追索中，和解不了就及时给予公正裁判。

（一）新《破产法》规定期限延长的条款

新《破产法》第 50 条，全体债权人，包括有未到期债权的，有特别担保由终审判决确认的，应在启动和解程序裁定摘要登报公布之日起 15 日内申报债权；此前 1999 年第 17 号《商法》第 744 条对此规定的期限为 10 天。

新《破产法》第 76 条第 2 款，破产宣告申请应在商人去世或退出商业经营的次年内提出；此前 1999 年第 17 号《商法》第 551 条第 1 款对此规定的期限是商人去世或退出商业经营后一年内。

新《破产法》第 82 条，专属管辖法庭审理破产案件时可依职权采取必要的财产保全措施或对债务人财产进行为期 3 个月且可延长至审结为止的接管；此前 1999 年第 17 号《商法》第 558 条对此未作出可延长的规定。

新《破产法》第 86 条规定确定的债权清单交存法院书记员办公室日期之前法院可自行修改临时指定的中止支付日期，或者经检察院、债务人、任意一名债权人、破产管理人及有利害关系的第三人提出；此前 1999 年第 17 号《商法》第 563 条规定修改临时指定的中止支付日期为确定的债权清单交存法院书记员办公室之日起 10 日内提出。新《破产法》这样的规定就让修改临时指定的中止支付日期存在于一个相当长的时间，因为破产管理人交存确定的债权清单的期限自宣告破产裁定作出后 60 天内（1999 年第 17 号《商法》第 563 条第 2 款），而不局限于债权清单交存后 10 日内。

新《破产法》第 88 条第 2 款，不服宣告破产案件或其他因破产引起案件判决、裁定的，上诉期限及方式适用民商事诉讼法的规定。去掉了对该条第 1 款修改临时制定中止支付日期裁定提异议的时效规定，即 1999 年第 17 号《商法》565 条第 2 款所规定的裁定作出或登报公布之日起 30 天内的时效规定。

新《破产法》第 98 条，破产人和监督员在破产管理人工作完结前可向破产管理法官就其工作提出异议，破产清算法官应在异议提交之日起 7 日内作出决定；而 1999 年第 17 号《商法》576 条对此规定的期间是 5 日，新《破产法》延长了 2 日。

新《破产法》第 143 条第 2 款规定在宣告破产裁定发布时出租人已经开始执行不动产内现有动产但该执行程序尚未完全结束的,该执行程序应自发布宣告破产裁定之日起中止执行 90 天;而 1999 年第 17 号《商法》624 条第 2 款规定为 60 天。一次延长了 30 天,保证了取回权。

新《破产法》第 167 条第 1 款规定名字记录在资产负债表上的全体债权人在通过日报公布宣告破产裁定后 30 天内申报债权;而 1999 年第 17 号《商法》651 条第 1 款规定为 10 天。但新《破产法》第 167 条取消了对居住在埃及境外债权人申报债权期限的规定,不论是居住在埃及境内还是境外,一视同仁,统一适用一个期限。1999 年第 17 号《商法》第 651 条第 2 款给埃及境外债权人申报债权期限为登报公告后 40 天,可不要认为新法缩短了该期限,新《破产法》虽没有直接规定最长期限,但通过增加两次公告的方式,即第一次为 30 天,第二次也是 30 天,共计 60 天的方式确定最长期限,也就是说实际上延长了 20 天。

新《破产法》第 243 条第 1 款,对判决有任意一名欺诈破产犯罪的破产人,除非自所判刑罚执行完毕或宣布赦免之日起经过 6 年,否则不得对其限制解除;1999 年第 17 号《商法》716 条第 1 款对此规定的期间为经过 5 年。新法延长了 1 年,这也是释放出对欺诈破产犯罪更加严厉的信号。

(二) 新《破产法》规定缩短期限的条款

新《破产法》第 71 条第 2 款,核准和解协议的裁定发布经过 1 年后提出的,不论何种情形,一律不予受理;而 1999 年第 17 号《商法》第 764 条 2 款则是核准和解协议的裁定发布经过 2 年后提出的不予受理。新《破产法》缩短了 1 年,除了节省司法资源外,更重要的是加快破产清算程序的进程,敦促债务人认真尽早地履行和解协议。

新《破产法》第 236 条第 2 款破产人或利害关系人可自分配清单交存书记

员办公室之日起 10 日内就破产清算法官作出的专门针对向债权人进行分配的决定向专属管辖法庭提出异议；1999 年第 17 号《商法》第 648 条第 2 款就此没有规定时效，这就造成破产人或利害关系人可以随时提出提议，从而拖延破产清算程序的进展，最后受损害的还是债权人的权益。新《破产法》将"随时提出"缩减到"10 日内"，这样不论破产人或利害关系人是真的有异议还是战术上的伎俩，"过期不候"了。

新《破产法》第 169 条第 2 款规定破产管理人应自第二次报纸公布召集债权人申报债权之日起 40 天内完成债权清单核实程序并交存法院书记员办公室；而 1999 年第 17 号《商法》第 653 条第 2 款该交存工作应自报纸公布召集债权人申报债权之日起 60 天内完成，但经破产清算法官准许后可延长。也就是说，新《破产法》第一次给了 30 天，第二次给了 40 天，一共 70 天，不再延长；而在 1999 年第 17 号《商法》第 653 条第 2 款对此规定是 60+n 天。此次新《破产法》给出了 70 天的封顶期限，从立法本意上讲确实能推动破产清算程序加快进行，从而保证债权人的权益快速得到实现，但是在具体执行中，此规定能否真正落实还未可知。

新《破产法》第 173 条第 2 款，破产人、利害关系人或破产管理人自破产清算法官作出破产终止决定之日起 3 个月内确定尚有足够资金应对完成破产清算工作费用的或存入破产清算法官核定的足够款项的，均可请求破产清算法官撤销终止决定；而 1999 年第 17 号《商法》第 659 条第 1 款对此没有时间限制。宣告破产的直接效果就是冻结个别债权追索，尤其是对有抵押权的债权人而言，一旦破产终止，那么其对债务追索之诉就可以解冻，尽快地实现债权。

(三) 其他 "变相" 调整方式

新《破产法》第 112 条第 2 款，除破产人处置行为实际发生在中止支付日期之前，否则不得对抗全体债权人；而 1999 年第 17 号《商法》第 589 条第 2 款规定的但书条款是破产人处置行为在宣告破产裁定发布之前已完成。中止支付日期在宣告破产裁定发布之前，属于一个"怀疑期间"，同时对行为要求，过去是"已完成"，现在是"实际发生"并没有要求完成，直接效果就是填充了"怀疑期间"的撤销、取回等权利的可诉空间，最终还是更加保护了债权人的权益。

从上面的列举和简要分析来看，新《破产法》的立法大趋势就是向债权人倾斜，通过对债权人的时效予以增加或延长、对债务人行使权利时效的缩减来加快推进破产清算程序，不仅节省了司法资源，而且更加速了市场主体依法退出、另起新业的步伐，对活跃整个埃及经济社会起到了法律作为上层建筑反作用于经济基础、为经济基础服务的作用。当然，作为一部法律，对权利义务的规定还是会做到基本的"平衡"，不能只规定权利而对义务没有任何要求。新《破产法》第247条，未得到清偿的债权人都有权自限制解除申请在登报公告之日起15日内提交对该申请的异议；而1999年第17号《商法》第720条对此规定的时间是30天。该法条就对债权人行使权利的时效缩短了一半，虽然法律做了倾斜，但是债权人自己也不能怠于行使权利。

三、取消对破产人人身强制措施，对其参与宣告破产后的经营活动条件更加严格

在新《破产法》颁布前，对于债务人或破产人面对的人身强制措施前面已经列举过，这里就不再重复。该特点也正好可以初步回答了本书前言结尾的问题：新《破产法》会不会对投资者还那么"严酷"呢？答案是不会（本书第八章会再一次总结性回答）。虽然不会对破产人采取人身强制措施，但在其一定限度内参与宣告破产后的经营活动条件越来越严格。

（一）对破产人人身强制措施的取消

1999年第17号《商法》第561条第2款规定："法院在必要时可对债务人采取司法拘留措施；债务人在本法第553条规定期限内申请宣告破产的，法

院可不在宣告破产裁定中作出该拘留决定。"也就是说，除了法院在"必要时"对债务人采取司法拘留措施外，不在 1999 年第 17 号《商法》第 553 条规定期限内申请宣告破产的，法院会对其采取拘留的司法强制措施。该法第 553 条规定的期限是"应在中止支付之日起 15 日内"将申请书交存法院书记员办公室。如果债务人超过这个期限未主动申请宣告破产，或者经债权人申请、检察院提请或法院依职权宣告该债务人破产的，一旦确定其中止支付日期后 15 日内未提出宣告破产申请，那么债务人就会面临被司法拘留的强制措施。该规定在新《破产法》第 84 条中已经消失不见，但恐怕有些读者会好奇地问，司法拘留要多久呢？根据埃及《民商事诉讼法》及结合埃及的司法实践，最少为 1 天，也可以是 3~6 个月，甚至有的要到破产清算程序终结或者债务全部清偿为止。

新《破产法》既然取消了对人身采取司法强制措施的规定，那么涉及该规定的其他程序性或据此为条件的条款也相应地不再提及。例如 1999 年第 17 号《商法》第 566 条第 3 款对破产人采取司法拘留决定不能上诉或复议的规定；第 569 条在宣告破产时，破产人的账面无现金支付法院对"破产人采取司法拘留措施费用"这一情形的规定；第 586 条经破产清算法官、检察院提请，或破产管理人、监督员申请，法院可在必要时拘留破产人的规定等。

新《破产法》能作出不对破产人采取司法强制措施的规定在笔者看来是埃及经济立法上的巨大进步，尤其是面对跨国投资者参与埃及市场经济活动越来越兴旺的现状，假如一旦投资者哪怕是"客串"了债务人的角色就要面临"身陷囹圄"的境地，笔者认为没有投资者会不顾身家性命来这里投资了。1999 年第 17 号《商法》之所以要采取司法强制措施，根本目的还是要保护债权人的利益，防止债务人"跑路"。上面提到新《破产法》的第二个特点就是法定期限向有利于保护债权人权益方向作出调整，那它在其他方面肯定不会与倾向保护债权人的立法方向自相矛盾，但是面对经济全球化的大趋势，市场准入退出机制必然要和国际接轨。新《投资法》的颁布实施让世人感受到了埃及吸引全球投资者进入埃及市场前所未有的热情和力度，或者说埃及的新《投资法》让埃及的市场准入机制"超频"接轨国际市场，那么"输入端"都如此了，"输出端"即市场退出机制怎么能落后呢？对债务人动辄拘留的强制措施（法院认为"必要时"即可）必然要"遮住"跨国投资者的"青山"，那么为了顺应新的国际国内形势、匹配新《投资法》的准入机制，新《破产法》取消人身强制措施就是一种客观情形所决定的必然选择。当然新《破产法》还是保留了"限制出境令"这一规定，但有着严格的前提和程序，即只有在破产人实施有损债权人权益行为时，并且经破产清算法官、检察院提请，或破产管理人、监督员申请法院才可向破产人发出限制出境令（新《破产法》第109条第1款）。对比此前1999年第17号《商法》第586条，只要经破产清算法官、检察院提请，或破产管理人、监督员申请，法院就可以无条件的限制破产人出境。同时对于限制期限，1999年第17号《商法》第586条没有规定期限，也就是说自由裁量权全归法官所有，或可理解成这是一个无期限的法庭限制令，破产人有可能是"终生"不得出境；但新《破产法》不再给予法官这种自由裁量权，规定限制出境令不超过6个月。

此外，对于埃及本土的投资者，新《破产法》第111条第1款规定，被终审判决犯有以欺诈方式破产犯罪或过失破产犯罪罪行之一的，自刑罚执行之日起剥夺其行使政治权利以及担任议会、地方议会议员资格6年，而1999年第17号《商法》第588条规定，只要被宣告破产就不能有投票权，也不得担任议会、地方议会议员。新《破产法》增加了"在破产人犯罪情况下"这个前提。

（二）破产人参与宣告破产后经营活动条件更加严格

1999年第17号《商法》第645条有对破产人可以参与宣告破产后对其经营场所继续运营的规定，即破产清算法官可自行或经破产管理人提请、破产人请求并征询监督员后，在公共利益需求时或破产人、债权人利益需要时，继续运行破产人经营场所。经破产管理人提议后，破产清算法官可任命管理经营场所的负责人及确定其薪资。破产人可被任命为管理负责人,其所得薪资替代救济金。由于新《破产法》引入了重整制度,设立了"重整委员会",故该规定在第 120 条修改为破产清算法官可自行或经破产管理人提请、破产人请求,在公共利益需求时或破产人、债权人利益需要时,委托重整委员会制订包括运行破产人经营场所在内的继续经营计划。经上述委员会提议并征询破产管理人看法后,破产清算法官可依据重整计划任命管理经营场所的负责人及确定其薪资。破产人可被任命为管理负责人,其所得薪资替代救济金。虽然表述上看似变化不大,但对破产人参与宣告破产后经营的"决策层"扩大了,由"破产管理人"扩大到"重整委员会",只有通过重整委员会的实质性审查,还可以作出决定。因此,破产人能否参与宣告破产后经营活动的变数就会增多,困难增加。

破产人在宣告破产后开展经营活动条件收紧的另一个表现是增加了对破产人另起新业的程序负担。新《破产法》第 120 条规定,"兼顾本法第 111 条的规定,破产人经破产清算法官准许后可使用非破产财产另起新业";而 1999 年第 17 号《商法》第 597 条,破产人无须准许,便可使用非破产财产另起新业。这里的"兼顾本法第 111 条的规定"即为对破产人的"从业限制"。商人一旦被宣告破产,即对外界展示出其"欠钱无力偿还"的形象,商誉自然降低,那么在讲究商誉需要保有良好商业道德的行业,自然会受到从业限制。被宣布破产者,除非对其限制解除,否则不得成为商业协会、工业协会、工会、职业团体或体育团体成员,不得担任任何公司经理或成为董事会成员,不得从事银行工作、商业代表、进出口业务,不得担任证券买卖经纪人或公开拍卖师等。那么在这个划定的"从业禁区"外,破产人是可以使用非破产财产另起新业的。按照 1999 年第 17 号《商法》的规定,破产人可以按自己的意愿随时随地再开一个店或者再设立一家公司,"谁也无权干涉",这对债权人来说真的是"不屑一顾"。新《破产法》增加了"经破产清算法官准许后"这一必经程序,破产人要另起新业难度必然增加,最起码要向法官证明其资金非来源于破产财产,从业不属于"禁区"范畴。

此外，在破产人代理他人管理或处置资产方面，新《破产法》作出了有条件执行的规定。新《破产法》第111条第3款，被宣布破产者，不得代理他人管理或处置资产，但依据破产管理人或债权人联合体秘书的方案并经由破产清算法官请示后，专属管辖法庭可解除破产人在行使该代理事项的限制；而此前1999年第17号《商法》第588条没有开这个"口子"。这个有条件代理不仅仅是照顾到破产人管理或处置其未成年子女的资产，还包括了破产人可以代理其亲属或他人管理或处置资产。该规定的立法目的，笔者认为主要还是为债权人能尽快实现债权考虑。破产人有了代理权便可以更方便地处分动产或不动产，使之变现也好，所有权转移也好，尽快清偿其债务。新《破产法》的这一新增规定虽然从法条表面上多了一个对代理权的释放，但手法就好像"在大象面前系香蕉"般，驱动破产人完成清偿债务的任务。

四、破产信息共享，尤其金融网络普遍"挂单"

新《破产法》第87条对破产信息在金融机构共享进行了规定，是此前1999年第17号《商法》没有涉及的。新《破产法》的这一特点紧跟互联网时代大数据共享的潮流。所谓"破产信息"就是指法院作出宣告破产裁定的信息，而"共享"就意味着在埃及境内各有关机关企事业单位对破产人宣告破产信息的共享。

埃及新《投资法》为了更好地服务投资，规定了各主管机关应建设科技的、信息系统的基础设施以及对现有电子数据库进行升级，以实现数据通过电子系统安全地交换和集中。这种数据交换体现在新《破产法》中就是破产信息的交换，也正好呼应了埃及新《投资法》对此事项的规定。既然按照埃及新《投资法》的要求各机关单位的涉及数据交换的"硬件"和"软件"都配备齐全，那在数据交换中不能只报"喜"不报"忧"，尤其是金融领域中破产人的该种负面信息。它会直接影响破产人及其关联企业的授信程度、金融机构自身的中间业务及资产类业务，对于发行股票债券或其他金融工具的企业以及持股参股的企业或个人都会有直接的影响。面对瞬息万变的金融市场，掌控信息有时就是掌握金融市场的走向，埃及立法者将此种能对金融稳定造成影响的负面信息在各金融机构或部门内予以共享的规定纳入到新《破产法》法条中。新《破产法》第 87 条第 4 款中破产管理人须在收到宣告破产裁定通知之日起15 日内将该裁定通知埃及中央银行（以便通过其通告埃及各从业银行）、埃及金融监管总局、埃及证券交易所、埃及结算中心的规定显得非常耀眼。以当下互联网传播的速度，宣告破产的信息只要在任意一家金融机构的网络上挂出，立即"天下皆知"，破产人自然是上了某种"预警"名单，其资金流向、金融产品操作、结购汇信息等都会被特别留意，同时通过金融机构提供的这些信息，也会为法院在确定破产人最终中止支付日期这一重要节点问题上提供了极大便利。及早、准确地确定中止支付日期，从而厘清哪些处置行为可以撤销，哪些处置的货物可以取回等，最大限度上保护债权人的权益。

1999 年第 17 号《商法》未规定金融机构共享破产信息，主要因素还是和此一时彼一时的时代背景有关。互联网时代的大数据如果是飘在空中的"云"，那建筑在地面上的商铺、厂房、仓库及相关附属设施等就是实实在在的"物"了。因此，不管是 1999 年第 17 号《商法》还是新《破产法》都对破产人的不动产信息进行备注予以了规定，即："将宣告破产裁定摘要签注在破产人不动产所在地的所有不动产登记机关"，这里的所有不动产登记机关指不动产登记机关和土地登记机关。虽然新旧法律都有规定，但是登记后的查询手段可能是"天壤之别"了，比如在做商业尽职调查时，新《破产法》实施前需要相关人员到不动产登记机关和土地登记机关进行人工查询，效率低不说，各种办理交涉变数难料；新《破产法》实施后，这种信息就可以通过互联网大数据进行查询，效率自然提高，对投资者而言，不论是项目选址还是选择项目合作伙伴都可以做到知己知彼，把控好风险。

以上通过对比的方法，粗略总结分析了新《破产法》的四个主要特点：一是概念明确，结构清晰，处处体现以"和"为本；二是法定期限向有利于保护债权人权益方向调整；三是取消对破产人人身强制措施，对其参与宣告破产后的经营活动条件更加严格；四是破产信息共享，尤其金融网络普遍"挂单"。除了这四点外，还有一个重要变化，可以说是一个特点但并不具有典型性，这就是破产费用以及罚金的大幅增加，如表 2-2 所示。读者也可以从这个指标看一看埃及经济发展 20 年来的变化，也算是"管中窥豹"。

表 2-2　1999 年 17 号《商法》和新《破产法》情况对比

法条规定	1999 年第 17 号《商法》	新《破产法》
公布申请破产拯救和解裁定费用	1 千埃及镑（第 731 条第 8 款）	1 万埃及镑（第 36 条第 8 款）
债权人申请宣告债务人破产存入的公告费用	1 千埃及镑（第 554 条第 3 款）	1 万埃及镑（第 78 条第 3 款）
法院对和解不予核准的，一旦证实异议当事人故意拖延和解可对其处以罚款	1 千埃及镑以上 5 千埃及镑以下（第 673 条第 5 款）	5 千埃及镑以上 2 万埃及镑以下（第 64 条第 4 款）
债务人申请宣告破产被法院驳回的，一旦查明其故意捏造破产法院可对其处以罚款	1 千埃及镑以上 5 千埃及镑以下（第 570 条）	1 万埃及镑以上 5 万埃及镑以下（第 93 条）
对争议标的额不明确的，或者标的额超过××埃及镑的，非经破产清算法官对和解协议或仲裁裁决条款核准，其和解协议或仲裁裁决不生效	5000 埃及镑（第 644 条第 2 款）	2 万埃及镑（第 162 条第 2 款）
在破产资产清算后查明其价值不超过××埃及镑的适用简易程序	5 万埃及镑（第 697 条）	50 万埃及镑（第 209 条）

第三章 一般规定

第一节 适用范围

2018年第11号《重整、破产拯救和解及破产法》正文前的总统颁布令第一条就规定了该法的适用范围，即适用于依据1999年第17号《商法》第10条所定义的"商人"，不包括隐名合伙及国有企事业及公共法人单位。

一、商人

新《破产法》没有单独定义商人概念，而是采用援引其脱离出来的"母体"法律——1999年第17号《商法》所下定义的方式，一方面表达着新《破产法》与1999年第17号《商法》的密切关系；另一方面又暗示着：虽然1999年第17号《商法》第五章被废除（新《破产法》总统颁布令第五条），但该法仍然作为其最近的渊源而有效存在。因此，当面对新《破产法》的基本概念或法条解释时还是要回过头来翻看1999年第17号《商法》。

1999年第17号《商法》第10~20条均涉及对商人定义及关联解释，为了全面掌握新《破产法》的适用主体，笔者详列如下：

第10条

下列所指为商人：

使用自己的名义或为自身的利益以经商为业的人；

依据有关公司或企业的法律所规定的任意一种类型而设立的公司或企业，不论其设立的目的。

第 11 条

符合下列条件的，无论是埃及籍还是外籍人员，具备经商资格：

（1）年满 21 周岁，即使其国籍国法律认为该年龄未达到成年；

（2）按照其国籍国法律规定年满 18 周岁且获得有管辖权的埃及法院准许。

未满 18 周岁不得在埃及经商，即使其国籍国法律认为该年龄为成年人或准许其经商。

未成人获准经商的，须具备从事该种商业活动所有的行为能力。

第 12 条

未成年人或被下禁治产令的人，如在商业经营中有其财产，法院可就其最大利益下令从中提取或继续保留。

如法院下令继续保留经营商业活动的未成年人或该被禁治产人的代理人应获得全权或有权限授权行使该商业经营中的处分行为。

因重大原因引发对获得未成年人或被禁治产人授权的代理人管理不善的担心时，法院可撤销或限制该代理许可，但不得违反第三人的善意取得。

法院作出的有关未成年人或被禁治产人可继续商业经营的决定，或者撤销、限制授权许可及该商业体清算的决定应在商业登记机关予以记录并在该登记机关刊物上公布。

第 13 条

法院作出未成年人或被禁治产人可继续商业经营决定的，其不得在投入该商业经营资金范围之外进行承诺。该商业经营体可宣告破产，但破产财产不包括未成年人或被禁治产人非投入资金，其自身也不受破产影响。

第 14 条

已婚妇女经商资格从其国籍国法律规定。

外籍已婚妇女以经商为业的，应推定其已获得配偶的准许。如适用法律允许其配偶事后对其经商予以反对或者撤销其配偶先前准许的，该反对或撤销准许应在商业登记机关进行记录并在该登记机关刊物上公布。该反对或撤销准许自上述公布日期后生效。

上述反对或撤销准许不得对抗第三人的善意取得。

第 15 条

已婚外籍妇女经商的，推定其依据财产各自所有制度存续婚姻，除非配偶之间的财产协议另有规定。

配偶之间的财产协议，除非经公证并将其摘要在商业登记机关刊物上进行公告，否则不得对抗第三方。

第三方能证明该婚姻存续所依据的财产制度有比财产各自所有制度更有利于自己的，上述公告的配偶间财产协议可以不予采纳。

埃及境外法院作出的对配偶间财产协议的裁判，在商业登记机关登记并将其摘要写在该机关刊物上公告之前，不得对抗第三人。

第 16 条

小型手工匠人不适用本法。

小型手工匠人是指，从事低成本手工艺并以此收入维持日常生计的人。

第 17 条

依据专门法律、法规或制度被禁止经商的人员从事商业活动的视为商人并适用于本法规定。

第 18 条

使用假名或隐名经商并以此为业的人，除该显名人被认定为商人外，其也被认定为商人。

第 19 条

通过报纸、宣传册、广播、电视及其他方式等冒充商人的人推定为商人，但能证明该冒充者并未实际经商的推定不成立。

第 20 条

国有企事业及公共法人单位不视为商人，除法律另有规定外，其开展的商业活动应受本法调整。

以上所列的 1999 年第 17 号《商法》有关适用主体的 11 个法条，排除为全面理解新《破产法》有关商人的定义外，还为后面排除适用的"隐名合伙"打个伏笔（隐名合伙，国有企事业及公共法人单位都是排除主体，后者较好理解故不再特别展开）。

（一）新《破产法》的商人

新《破产法》的商人既是指以经商为业的适格自然人又指符合法定形式的公司或企业。

1. 对于自然人

所谓经商为业就是以经商为主业，为"职业"，正如中国老话所讲的"三百六十行"中的某一行当一样，以此谋生。这里的"主"（Full-time）就排除掉了"副"（Part-time），如果本身有其他主业，经商只是偶一为之，那也不能认定为商人。所谓适格，就是要具备民法上的民事权利能力和民事行为能力，能够独立承担民事责任。通常我们会以自然人的年龄来划分其是否具备完全的民事行为能力，除了年龄达到之外，其民事权利未被限制或剥夺。根据埃及现行 1948 年第 131 号《民法典》第 44 条的规定，埃及的成年年龄为 21 周岁（我国的《民法典》第 17 条规定的是 18 周岁）。严格意义来说，即在埃及只有达到 21 周岁且精神健全并具有完全民事行为能力的人才可以经商。但是这个 21 周岁的标准，目前在世界上已经是处于"顶格"位置了，大多数国家包括我国都是以18周岁为法定成年年龄。所以紧接着1999年第17号《商法》第11条第1款第2段和"国际接轨",规定了外国人按照其本国法律年满18周岁同时获得埃及法院准许后也可以经商,但该条第2款马上划定了"红线"——未满18周岁的一律不得在埃及经商。就以中国投资者为例,假定其年龄已满18周岁但不满21周岁,按照我国法律显然属于成年人,是可以在埃及从事商业活动的,前提是取得有管辖权法院的准许。再比如朝鲜法律规定的成年年龄是17周岁,那么该17岁的投资者即使在朝鲜已成年,但在埃及是禁止从事商业活动的。除了年龄的因素,刚才还提到了民事权利不能被限制或剥夺。1999年第17号《商法》第13条规定了目前在我国民法中没有涉及的"禁治产"概念,请注意是"禁治产"不是"禁止产",这里的"治"就是管理和处置资产的意思。"禁治产"作为大陆法系一项古老的制度,随着埃及民法典"移植"法国民法典的立法路径自然而然地进入了埃及。根据1948年第131号《民法典》第113条的规定,精神病人、智力低下或有障碍的人应被禁治产。此后随着埃及法律不断出台和司法实践不断总结,那些背信弃义、违反公序良俗、道德败坏及违法犯罪的人也列入了有时效性的"禁治产"的行列,这一点颇似我国目前的"失信黑名单"制度,具体如行为人酒后驾车、扰乱公共秩序、不执行生效判决等将会被限制或剥夺某些权利。新《破产法》第112条就对宣告破产者下了类似禁治产的命令,宣告破产的裁定一经作出即限制破产人管理或处置其资产,虽然和行为人因"不端"行为招致禁治产不同,但其法律效果都是一样的。由此看来,对投资者而言,除了诚信守法合规地从事商业活动外,还要顾及埃及当地阿拉伯民族特有的"公序良俗",避免因酗酒、赌博等有违宗教禁忌的行为引起民事权利能力的损害。

对自然人成为适格商人的规定中,1999年第17号《商法》还特别强调了对外籍已婚妇女经商的规定。对于未婚及已婚本国女性经商自然按照埃及法律执行,之所以单独提出外籍已婚妇女这个命题,主要目的还是为了保护埃及本国男性公民。按照埃及《民法典》第13条的规定,婚姻契约效力适用缔结该契约时男方国籍国法律；第 14 条又进一步详细规定，缔结婚姻时配偶一方为埃及公民的，则适用埃及法律。通俗地讲，假如一位中国女性嫁入埃及，和当地具有埃及国籍的男性缔结了婚姻契约，那么该位已婚中国女性从事商业活动时必须以埃及相关法律为准。按照 1999 年第 17 号《商法》第 13 条和第 14 条的规定，法律推定你已经获得丈夫的准许并且和你的丈夫财产各自独立。这里留有的玄机就是：你本来可以在家"相夫教子"的，你非要出去经商，好，我同意了，一旦你经商失败破产了，可别伤着我——财产不伤及，人身也不被冠以"破产人"的帽子。而且更为"严重"地保护男方利益的是法律赋予其事后推翻"准许配偶经商"的权利。法律是禁止反言的（Estoppel），但埃及商法就是规定了男方该项"食言"的权利，颇有把妻子当成未成年小孩子的意味，一旦出现不利于己的情形，除了行为相对人证明自己是善意取得外，其他行为都可以援引此条而撤销。这也是阿拉伯国家女性企业家、老板的数目远远少于男性的一个原因，因为"女人说话不算数"——效力待定。因此，对于中国投资者而言，当谈判桌上出现女性面孔时，要做好充分的背景调查，避免相应的风险。需要指出的是，笔者这里绝没有歧视埃及女性企业家、老板的意思，仅从法条规定上提示因效力待定而产生的法律风险。

2. 公司或企业

公司或企业的设立必须按照埃及法律所规定的形式，虽然大多数投资者采用的是股份公司的形式（具体可参加笔者于知识产权出版社已出版的《埃及新投资法》一书第四章），但当投资者处于债权人的角色中面对埃及公司或企业的破产时，了解各种埃及法定形式的公司或企业就更能够做到"见招拆招"，从而避免"知己"而"不知彼"的匆忙应对。2019 年 7 月各大网站相继登出《长城汽车被俄罗斯经销商骗 3 亿，对方已破产，四年官司仍无结果》的报道，基本案情是长城汽车向俄罗斯某集团旗下三家子公司供应汽车套件，三家公司随即破产，但是货款 4840 万美元（折合人民币 3.32 亿元）却没有收回，长城汽车提起诉讼却被俄罗斯法院驳回诉讼请求（通常原因就是债务人公司申请破产，冻结了债权人的个别追诉行为），结果，长城汽车在 2017 年度将该笔金额计提坏账。这样的案例也给面向埃及的投资者敲响了"警钟"，俄罗斯商人的这种破产"套路"一定会在埃及发生，尤其是在新《破产法》出台之后。

埃及的公司或企业从"人合"与"资合"的角度可分为两大类，即"人合"类型的合伙企业和"资合"类型的公司，当然这两类之间还有个交叉的"混合"型，用数字可表示为一共"2.5"个类型。

（1）"人合"类型的合伙企业。

"人合"的合伙型企业主要是亲戚朋友间少数几人基于信任而创建的一种企业形式，该企业突出的是"人"的重要性，各合伙人之间地位均等，如发生某一合伙人死亡、丧失民事行为能力，或被限制、剥夺民事权利能力，退伙等情形，则该企业解散；同时出现某一合伙人转让其合伙"股份"时必须取得其他合伙人的一致同意。合伙型企业还包括三种类型：普通合伙、有限合伙和隐名合伙。

普通合伙即各合伙人相互附有无限连带责任，对外共同承担债务，不分彼此，"有福同享，有难同当"。

有限合伙即有合伙人不愿意以"身家性命"全部搭在企业上，只愿意以其份额对外承担有限责任。

隐名合伙是新《投资法》排除适用的主体之一，因该类型合伙我国《合伙企业法》未予采纳，为便于理解后文会单独予以阐述。

（2）"资合"类型的公司。

"资合"类型的公司与"人合"的合伙型企业相反，它不再以"人"为本，人也不再扮演主要角色，一切话语权归于"资本"，即一切以"资本"为中心。这类"资合"型公司最典型的就是我们耳熟能详的股份公司。股份公司最大的优势就是可以"集中力量办大事"，它可以发行小面额的债券或股票，认购的人员可以来自普通的民众，不需要很大的资金就可以成为股东，然后以其认购的股份为限对外承担责任。当然除了股份公司以外，有限责任公司也是"资合"类型公司中重要的法定形式。下面仅从公司的结构上简单介绍一下这两类公司。

①股份公司。1981年第159号《股份公司、股份有限合伙企业和有限责法》规定的法定形式之一，其资本分割为等值的股份，票面价值不得低于1埃及镑，也不得高于1000埃及镑或等值外币，可在法律规定的范围内流通。股份公司发起人不得少于3人，设董事会、财务监督、职工工会，股东大会在每个财政年度结束后的6个月内至少召开一次。用工方面，埃及籍员工比例不低于90%，工资不得低于公司所支付工资总额的80%，其中技术和管理类员工的比例不得低于75%，其工资也不得低于公司所支付工资总额的70%。

②有限责任公司。有限责任公司也是1981年第159号《股份公司、股份有限合伙企业和有限责任公司法》规定的法定形式之一，出资人最少2人，最多50人，各出资人以其在公司所占出资比例对外承担有限责任，但不得从事保险、银行、储蓄、委托投资等业务。有限责任公司可不设董事会，由出资人会议选任公司经理管理公司，出资人超过10人时设立不少于3位出资人组成的监事会。当有限责任公司注册资本超过5万埃及镑时，其用工规定适用对股份公司的规定。

（3）"人合""资合"混合的两合企业——股份有限合伙企业。

"人合""资合"混合型的公司类型具备前两种公司类型的特征，但并不具有超出这两种公司类型的独特性，故只能算是"0.5"个类型。在一些公司中可能优先考虑"人合"（融资需要），因此更接近于合伙型企业；而有些公司则可能在"资合"方面（发行股票债券之目的）考虑更胜一筹，因而更像股份公司，故此种两合企业笔者就选用涉及公司专用的术语"股份"和涉及企业专用的术语"合伙"混搭出这个有些"怪"的名字——股份有限合伙企业，不然直接叫作两合公司或两合企业，对一般读者而言难以一目了然。

股份有限合伙企业同样是1981年第159号《股份公司、股份有限合伙企业和有限责任公司法》规定的法定形式之一，其发起及资本构成也是"混合型"，根据该法第3条的规定，股份有限合伙企业由一个或多个普通合伙人发起并提供一个或多个股份由相应的投资人登记认购该股份的形式构成。通俗地讲就是一般情况下亲戚朋友先组成团队，但是资金又不够，得找外人融资，投资人和发起的合伙人又不熟，更不可能承担无限连带责任，所以就约定以"购买"发起合伙人的"股份"为限对外承担责任。它与有限合伙的最大不同就是在"人合"方面，合伙是"人找人"，而这里是"人找资"。股份有限合伙企业可不设董事会，由合伙人出任经理管理经营企业，但必须设立监事会，监事会成员不能是合伙经理人。对于股份有限合伙企业其他方面的规定则基本适用对股份公司的规定。

最后总结一下符合法定形式的公司或企业：①普通合伙企业；②有限合伙企业；③隐名合伙企业（不适用新《破产法》）；④有限责任公司；⑤股份公司；⑥股份有限合伙企业。

二、排除适用主体——隐名合伙

（一）隐名合伙的产生及特征

隐名合伙概念的提出距今有近500年的历史，1673年法国商人杰克·萨瓦利（Jacques Savary）在其书籍《完美的批发商》(*Le Parfait Négociant*) 中提出了"隐藏姓名的合伙"及"不知名合伙"这样最初的概念。再早可以追溯到8—10世纪海上贸易的发展，航海家们有胆识没有资金，商人们想用资金逐利但又不愿为此"葬身海底"，面对海上贸易的巨大商机和高额回报，航海家和商人一纸约定走到了一起。商人以其出资为限承担有限责任，自身并不参与航海；而航海家则以全部身家独立进行，对外承担无限责任。到了15世纪，随着大航海时代的到来，海上贸易在地中海沿岸空前繁荣，这种"合伙"经营的方式分化成两种走向：一种是出资的商人和航海家合作"公开化"，大家都亮明身份按照协议约定共同对外承担责任；另一种则是出资的商人不愿意公开自己的身份，只愿意以达成"内部协议"的方式隐藏在航海家身后，对外只显示航海家的名称并由其对外承担责任。再往后发展，航海家衍变成了各行各业愿意干一番事业的人，有钱的出资人也变得"禀赋各异"，前一种合伙最终发展成现代的有限合伙或者股份有限合伙企业，而后一种也就逐渐形成了现代法律意义上的隐名合伙。

目前大陆法系国家和地区如法国、德国等都普遍承认隐名合伙，东亚的日本、我国台湾地区等也承认隐名合伙，但对其理解并不一致。法国自 1978 年《民法典》修订后把隐名合伙转移其中（之前归于《商法典》调整），而德国一直把它放在商法典中，日本对隐名合伙的认识趋向德国但更讲究契约性，而我国台湾地区对其认识则比较混同，亦"民"亦"商"，视情形而定。因为埃及的商法立法以法国商法典为圭臬，自然"拿来"法国 1807 年《商法典》中隐名合伙的概念，将其放入自己的 1883 年《商法》，直到 1999 年第 17 号《商法》将该旧法废除。这里有两点值得提一提，第一点是 1978 年法国修订新《民法典》，将其认为不具有法人资格的隐名合伙从《商法典》划转到了《民法典》，一直跟随法国立法脚步的埃及却在 1999 年颁布新《商法》时没有跟进，还是保留了下来，从中可以看出埃及立法者仍旧保守地认为隐名合伙属于商事主体；第二点是 1999 年第 17 号《商法》并未完全废除 1883 年《商法》，其保留了旧法第一章第二节有关合伙的部分，也就是说隐名合伙在埃及目前仍是企业存在的合法形式之一，依据就是未完全废除的 1883 年《商法》第 59 条。

隐名合伙也是合伙，埃及 1948 年第 131 号《民法典》也对其进行了一般规定（第 505~537 条），那就是埃及的民事法律和商事法律都在对合伙进行调整，或者我们也可以说，合伙在埃及也是处于亦"民"亦"商"的状态中。当然隐名合伙有其自身的特征，它也是属于"人合"类型的合伙企业，至少得有 2 名合伙人，那么有人叫"隐名合伙人"那也必然有站在前面亮出身份的显名合伙人，其特征简单归纳如下：

(1) 有内部约定；

(2) 隐名合伙人不公开身份，分享利润但以出资为限承担责任；

(3) 显名合伙人公开身份，分享利润并对外承担无限责任；

(4) 隐名合伙人不参与经营。

(二) 隐名合伙被排除的原因

隐名合伙受 1999 年第 17 号《商法》调整，也是埃及企业存在的合法形式之一，但是新《破产法》却将其排除在外，笔者认为主要原因有以下三点。

1. 埃及现行商业登记制度与隐名合伙人不得披露的特征相抵触

埃及 1976 年第 34 号《商业登记法》第 2 条规定了不论是"个体户"、合伙企业或公司，包括国有企业及公共法人单位，以及合作组织或外国机构在埃代理等均要进行登记，而且是"一地点一登记"。那么只要登记，对合伙企业而言，各个合伙人的信息都要记录在案，而且根据《商业登记法实施条例》（埃及商务部 1976 年第 936 号部长决定颁布《商业登记法实施条例》）第 14 条规定，登记信息要对外公布，即国家商业登记管理总局在其月刊上进行对外披露，包括商业注册号码、地址、企业名称、合伙人姓名及份额、经营范围等（《商业登记法实施条例》第 15 条）全部公开。上面讲到的隐名合伙中的一个特征就是隐名合伙人不公开身份，如果要公开，那就直接变成了有限合伙企业或者股份有限合伙企业，所以从这一点来说，埃及现行的登记制度是与隐名合伙人不公开身份这一特征相抵触的。

因为隐名合伙人这一不公开的特征，为此类合伙企业在破产清算中造成执行阻碍。比如新《破产法》第 197 条规定：法院宣告企业破产时，应同时宣告企业所有普通合伙人破产；第 200 条规定：破产管理人在取得破产清算法官准许后可要求合伙人或股东补缴注册资金中的剩余出资额或股份；第 202 条规定：和解提案须经全体合伙人或股东大会过半数通过等。如果合伙人信息不公开，连最起码的合伙人属性（有限或普通合伙人）认定都无法做到，那更别提各项程序的执行了。

2. 隐名合伙人的特征得以不具备商人资格进行抗辩

1999年第17号《商法》第10条第1款明确了自然人成为商人的定义，即使用自己的名义或为自身的利益以经商为业的人。1999年第17号《商法》第18条又规定，使用假名或隐名经商并以此为业的人，除对外显名人被认定为商人外，该使用假名者或隐名者被认定为商人。这两条规定表明，1999年第17号《商法》承认商人可以以自己的名义亮出身份进行商业经营，也可以以隐名的方式进行。也就是说隐名与否全凭意思自治，法律并无硬性规定。这样就难免对隐名合伙与隐名商人产生理解上的困扰，都可以隐名，为什么前者就被新《破产法》排除了呢？

笔者认为这里关键的区分因素就是"是否参与经营"。隐名合伙人不参与经营，只是以出资为限承担责任；而隐名商人虽然前面有一位"显名商人"但实际经营者却是"躲藏"在后面的自己，用一个形象的比喻，"显名商人"更像是一个提线木偶，而隐名商人才是真正的"玩家"。既然隐名商人是实际经营的"操盘手"那为什么还要隐藏起来不亮出身份呢？这个问题可以从"显名"和"隐名"的利弊去考虑。比如显名的人其身份可以享有一些特殊的政策优惠，而隐名商人正好可以利用它来钻法律的空子；或者隐名商人本身是一名禁治产人、失信人员、受过刑事处罚人员等，其商业活动见不得光或者见光就死，那么只能通过这种化名或隐名的方式以经商为业。对于该种情形，1999年第17号《商法》第17条就考虑在内了，依据专门法律、法规或制度被禁止经商的人员从事商业活动的视为商人并适用于该法规定。通俗地讲，法律已经禁止你经商了，但是你打着别人的名义"暗地"经营，那就不以你的身份而是以你的行为作为认定商人的依据，从而纳入新《破产法》的调整范围。

在破产清算中，对隐名商人各种信息的掌握更容易办到，因为隐名商人要实际经营，其在业务流程的各个环节都会留下痕迹，不管是谈判、买卖货物还是账务往来都可以锁定隐名商人,新《破产法》第37条第2款就规定法院应采取一切手段获悉债务人财产状况及陷入财务困境的原因。而隐名合伙人不参与经营,实际交易的各个环节理论上也不会留下痕迹,所以在司法实践中形成了执行阻碍,毕竟法官也是"巧妇难为无米之炊"。但凡事都有例外,一旦债权人获悉了隐名合伙人的信息并以此主张该隐名合伙人从"幕后"走到"幕前"承担债务人的责任,那么因为隐名合伙人可以以自己不是适格商人为由提出抗辩,甚至可以直接请求法院驳回对己的诉讼请求。商人要求以自己的名义,隐名合伙人没有;商人要求开展商业活动,隐名合伙人也没有,由于隐名合伙人不具备商人的基本特征,那就无法成为适格的商人,自然也不受新《破产法》调整了。

这里需要厘清一点,1999年第17号《商法》第10条第2款依据有关公司或企业的法律所规定的任意一种类型而设立的公司或企业是商人,那么作为隐名合伙企业是具备商人条件的,但其隐名合伙人不具备商人条件,其实这里面存在一定的矛盾因素,也可能会存在争议,但从埃及新《破产法》的规定看,其立法意图符合现实的司法实践,只有实际履行才能真正起到保护债权人的利益,空有其壳是没有意义的。

3. 内部协议的对抗性受法律保护

现代商事法律的公示主义要求商事主体相关事项非经法定手段公示不得对抗第三方,那么隐名合伙人与显名合伙人之间的内部协议按照这样的要求对第三方而言是无效的,但是这里得有一个前提,即该国法律是否承认隐名合伙作为一种法定的企业形式。这里的抗辩逻辑是:如果一个国家的法律并不承认隐名合伙或者不承认隐名合伙作为商事主体予以调整,那自然隐名合伙的内部协议不能对抗或非经法定手段公示后不得对抗第三方;如果一个国家的法律承认隐名合伙是商事主体并以法定的企业形式而存在,那么就会被法律"特殊保护"而以其正当的对抗性予以免责。埃及法律就是后者,1999年第17号《商法》所保留的1883年《商法》第59条就是隐名合伙作为法定企业形式存在的依据。那么对合伙内部协议的规定上，埃及1948年第131号《民法典》第523条1款、第524条第1款及1999年第17号《商法》所保留的1883年《商法》第61条都在各自规定上体现出对隐名合伙人的保护。

1948年第131号《民法典》：

第523条

第1款 合伙企业不能清偿债务的，各合伙人应以其各自财产依所占合伙份额按比例清偿合伙企业债务，对该清偿比例另有约定的从其约定。对免除合伙人承担合伙企业债务的任何约定无效。

第524条

第1款 除非另有约定，各合伙人对其按比例各自承担合伙企业债务的部分不承担连带责任。

1999年第17号《商法》所保留的1883年《商法》：

第61条

与隐名合伙人有约定的，其与第三方所签协议由其自行承担。

1948年第131号《民法典》作为一般法律规定，我们可以看出隐名合伙的内部协议是不能约定免除隐名合伙人承担债务的责任的，但可以另行约定承担比例。理论上，该比例的逻辑终点可以趋向于0，如德国《商法典》第231条第2款规定：在合伙协议中可以约定，隐名合伙人不承担损失分配，但不得排除其参加利润分配。按照德国法律的这一规定，也就是说隐名合伙人可只享有利润不承担风险，但是这在埃及法律中是行不通的，埃及法律可以允许在"量"上进行自愿约定，但是"定性"上就是不可以约定隐名合伙人不承担风险。那么按照逻辑上可以趋向于0的承担债务的比例，埃及法律还允许各合伙人对其按比例各自承担合伙企业债务的部分不承担连带责任，那就是说，可以约定隐名合伙人以趋向于0的比例承担合伙企业债务，同时隐名合伙人还不用负连带责任,这一下就可以将承担企业债务的风险降到无穷小。单从埃及 1948 年 131 号《民法典》这一规定,即便新《破产法》可以宣告隐名合伙企业破产,那隐名合伙人也"逃"得一干二净,前面讲到隐名合伙人大都是有钱的出资人,或者说是我们现实生活中的那些不愿公开身份的"金主",而剩下的显名合伙人也许拥有各种技能或者满怀各种豪情壮志,但就是没有钱,那对债权人而言使得宣告破产没有任何意义,法律阻却了对隐名"金主"通过对其宣告破产路径的追索。同时 1999 年第 17 号《商法》所保留的 1883 年《商法》第 61 条,作为对商事主体进行调整的特别法条又规定了显名合伙人对外签单独立承担责任的条款,使得隐名合伙人彻彻底底地被保护起来。如债权人申请破产,法院明知隐名合伙人有以内部协议进行抗辩的"免死金牌"还要执行破产清算程序,那就真成了"毒树之果"。

综上,新《破产法》将隐名合伙予以排除,并不意味着债务人就无法实现救济,其可以通过直接诉讼的方式要求隐名合伙人偿还债务。从另一个角度讲,不走宣告破产程序对隐名合伙的债权人似乎更为有利,诉讼主张不会冻结也不必耗费比宣告破产程序更长的时间成本,债权受偿只会有妥协不会分摊比例等。虽然隐名合伙人"遁行"本领强大,但 1999 年第 17 号《商法》所保留的 1883 年《商法》第 63 条规定了可以使用账簿或书信的方式来证明隐名合伙的存在。

第二节 破产原因

新《破产法》第 75 条对符合破产原因做了概括性规定,即遵照 1999 年第 17 号《商法》规定设立商业账簿的商人,在财务陷入困境后中止支付商业债务的视为进入破产状态。要点如下:

(1) 设立账簿的商人;

(2) 因财务陷入困境中止支付商业债务。

一、关于设立账簿

"商人"在上一节适用范围中已经做过解读,这里仅就"遵照 1999 年第 17 号《商法》规定设立商业账簿"这个条件展开简单论述。首先明确一点:在埃及不是所有商人都必须设立账簿,一旦设立账簿就要严格规范。

1999 年第 17 号《商法》第 21 条规定,投资超过 2 万埃及镑的商人应建立账簿,特别是日记账和库存台账,应确保显示其财务状况以及与业务有关的收益及负债。

2005 年第 91 号《所得税法》第 78 条规定,从事商业活动的自然人,其投资额超过 5 万埃及镑或年营业额超过 25 万埃及镑以及根据最近一次最终纳税核定其年利润超过 2 万埃及镑的应设立账簿;公司或企业法人也应设立账簿。

根据"新法优于旧法"的原则,按照 2005 年第 91 号《所得税法》的规定,简单总结如下:

(1) 自然人投资额超过 5 万埃及镑;

(2) 公司或企业法人必须设立。

但是新《破产法》特别指出"遵照 1999 年第 17 号《商法》规定",这就又出现了另一个原则,即特别法优于一般法。事实上这里的投资额是有交叉的,如果单是规定从事商业活动的自然人不涉及破产这一块,那么 5 万埃及镑以下可不设立账簿;如果涉及破产,那么超过 2 万埃及镑就得设立账簿,否则申请破产就不被受理了。归纳如表 3-1 所示。

表 3-1 新《破产法》基本要求

商人主体		设立账簿要求	符合破产要求
自然人	投资额 2 万埃及镑以下	不要求	不符合
	投资额 2 万埃及镑以上(含)	要求	符合

续表

商人主体		设立账簿要求	符合破产要求
公司或企业	普通合伙企业	要求（不论投资额）	符合
	有限合伙企业	要求（不论投资额）	符合
	有限责任公司	要求（5万埃及镑起）	符合
	股份公司	要求（25万埃及镑起）	符合
	股份有限合伙企业	要求（25万埃及镑起）	符合

这里的2万埃及镑为限主要还是指自然人属性的商人，合伙企业不论投资额，哪怕在2万埃及镑以下也必须设立账簿，而且至少有两本账——日记账和库存台账。同时，新《破产法》第75条的"遵照1999年第17号《商法》规定设立商业账簿"这个条件还表明这样一个逻辑：符合破产原因的主体有账簿，如果未按《商法》规定设立商业账簿，那这个合法状态的商人就视为投资不足2万埃及镑，不足2万埃及镑的商人那就对不起了，不能申请破产。我们一般理解一个投资不足2万埃及镑的商人，其实就像我国一个小本生意的"个体户"。我国的个体户应按照税务部门的规定正确建立账簿，准确进行核算，对生产经营规模小又确无建账能力的个体户，税务部门对其实行定期定额征收。埃及的"个体户"也会出现"生产经营规模小又确无建账能力"的情形，但是和我国一样，不管设不设立账簿，都得先领取税务登记证，让税务机关知道你的情况。2005年第91号《所得税法》第74条第1款对所有从事商业活动的人员就规定了其应在从事活动之日起30天内通知税务机关；该法第75条紧接着又规定了所有从事商业活动的人员应向税务机关申领税务登记证。

如何界定商人的规模呢？根据埃及2014年第141号《小型企业发展法》的规定，对于投资额不超过10万埃及镑的非金融（NON-BANK）或非政府组织（NGOS）的企业定义为小型企业且该投资额可根据总经理决定每年增加5%。除了对这个投资额的规定，埃及中央银行同时以雇员人数将微型、中小型及大型公司或企业予以界定，具体如表3-2所示。

表 3-2　埃及企业规模界定

类型	雇员数量	企业总数占比
微型	少于 10 人	91%
中小型	10~200 人	8%
大型	多于 200 人	小于 1%

资料来源：埃及中央银行 2017 年数据。

按照汉语的习惯，我们可以将表 3-2 中的微型企业称作小微型企业，从表 3-2 看出它们占比最大。那么这些小微型企业各领域的分布情况如何呢，图 3-1 是根据世界银行附属的国际金融公司（International Finance Corporation，IFC）提供的数据进行的分析。

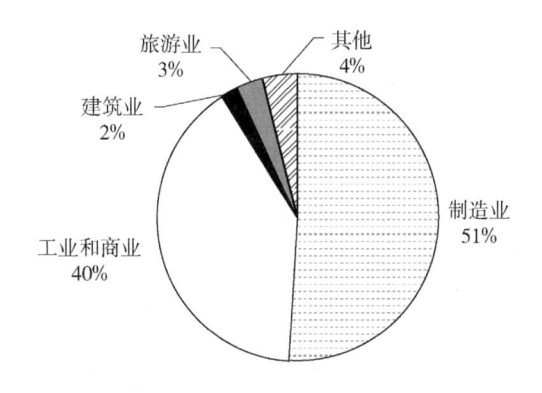

图 3-1　小微企业各领域分布情况

资料来源：《欧洲地中海网络经济研究》2017 年 12 月第 3 期，第 25 页；国际金融公司（International Finance Corporation，IFC）2014 年统计数据。

也就是说占埃及企业总数比例最大的小微型企业在埃及行业领域里多出现于制造业（51%）及工业和商业（40%）中。那么埃及新《破产法》所要面对的破产申请主体，从大概率上讲，也会是出现在制造业及工业和商业中的小微型企业。

法律并不为难每个商人必须建立账簿，尤其是众多的小微型企业主，但从投资者角度讲，设立账簿非常必要，它不仅是遵循埃及税法合规经营的商人人格体现，同时也是在必要时申请破产保护最重要的启动条件。

在面对埃及破产企业时，严格规范的账簿有时可以起到确认法律事实的作用，更不用说以此为依据对破产人资产进行盘点、核对债权清单以及清算分配等环节了。所以在投资者进行项目投资、寻找合作伙伴时，知悉目标企业或公司是否建立了规范账簿制度可以作为重要考量指标之一。为了使投资者更好地了解埃及商业账簿设立的规定，现将1999年第17号《商法》以及埃及财政部2001年第749号关于发布《统一销售税法实施条例》的相关条款列举如下。

1999年第17号《商法》：

第22条

日记账应记载商人进行的所有交易信息以及其个人支取，除个人支取可以每月计算总数外，其他应以日为单位详细记载。

商人可使用辅助账簿来对各种不同类型交易信息予以记录，该种情形下，商人可在其日记账中以时间间隔方式合计总额；未使用该种记账方式的，各辅助账簿视为原始账簿。

第23条

库存台账应详细记载财务年度末商人现存的货物；或对货物明细在账簿或清单各自单独记载的，出具一份汇总报表，此种情形下，各自单独记载的账簿或清单作为原始库存台账的补充部分。

库存台账中应附年度资产负债表、损益表副本各一份。

第24条

商人应采用易于查验的方式定期保留有关其业务的往来信件、报文及其他发出或收到的文件。

第25条

商业账簿不得留有任何空档、删除、涂抹或在账簿空白处及行间距间书写。

日记账和库存台账使用前应标注页码，商业登记机关应在每一页签名、盖章并注明该本账簿页码数目。

在年度结束时商人应将日记账和库存台账提交至商业登记机关以核对本年度账簿使用页数。账簿页数用尽的，商人应提交至商业登记机关对其进行签注，注明"页码用尽"字样。

停止经营场所业务活动的，商人或其继承人应将日记账和库存台账提交至商业登记机关进行签注，注明"账簿封存"字样。

由主管部长发布决定以制定专门条款规范银行或决定中指定公司使用的商业账簿。

第 26 条

商人或其继承人应自签注"用尽"或"封存"之日起保存商业账簿及其所记载账目的支撑文件 5 年。

商人或其继承人应自发出或收到往来信件、报文及其他文件之日起对其也保存 5 年，商人或其继承人可采取制成微缩胶片的形式以替代原始材料。该种替代方式在准备、保存及还原中遵守了司法部长为此所发布原则和规范的决定的，其具有原始证据的效力。

第 27 条

商业账簿的账目由商人授权的雇员记载的，除商人提供相反证据外，应视同其自行记载并推定已知晓该记载。

第 28 条

经诉讼当事人申请，或法院自行决定可令商人提交其账簿以便从中提取对所审理争议案件相关内容，法院可自行或通过委任任意一名专家审阅该账簿。

除涉及继承、共同财产及公司案件外，法院不得下令商人向另一方诉讼当事人披露其账簿。

在破产或破产拯救和解情形下，账簿应交到法院，或破产管理人、和解管理人处。

商人在没有可接受理由的情形下拒绝提交账簿以供查阅的，法院可推定要求从账簿中提取的事实成立。

埃及财政部发布的2001年第749号《统一销售税法实施条例》：

第8条

执行《统一销售税法》（1991年第11号法律）第15条规定时，纳税登记人应遵循1999年第17号《商法》规定的账簿制度，按照会计规则设立账簿，如实记载所开展的活动，包括：

（1）采购账簿：包括采购发票或报关单证明；

（2）销售账簿：包括售出商品或所提供服务开具的完税发票；

（3）退货账簿：退货时的销售或采购发票，实际产生的短溢数量；

（4）出口账簿：出口报关资料说明、关单号码、出口日期、出口口岸及目的地等；

（5）库存账簿：记载仓储活动；

（6）日记账：投资额超过2万埃及镑的纳税登记人必备；

（7）库存清点台账：投资额超过2万埃及镑的纳税登记人必备；

（8）销售税摘要记录簿：销售总额及相关交易记录，该账簿应记载以下内容：

①销售总额和不含税的采购总额；

②销售应纳税总额，包括个人使用的、用于特定目的的或其他法定用途的商品或所提供的服务；

③应予抵扣的所采购商品的价内税；

④根据短溢情况核算后余额；

⑤纳税登记人在减扣后每个纳税期的应税额。

使用计算机系统的，可提交说明及文件代替账簿。

对于零售商人，应设立如下账簿：

（1）采购账簿；

（2）销售账簿（日记账）；

（3）应纳税账簿。

对其他纳税登记人，由税务总局局长确定符合其业务性质的简易记录账簿。

1991年第11号《统一销售税法》第15条：

纳税登记人应设立会计账簿和业务记录定期记载所发生的业务。该业务记录及前款（第14条）所述发票副本应自其作出的该财政年度结束后保存3年。

纳税登记人所应遵守的范围、规则和程序，以及如何保存记录、文件及所记载数据等由实施条例规定。

1991年第11号《统一销售税法》第14条：

纳税登记人在销售应税商品或提供服务时，更根据本法规定开具含税发票。

保障发票正规性的规章及流程，以及如何对其监督核查等由实施条例规定。

最后需要指出的是：符合该申请破产原因的商人不是都可以申请重整和和解。新《破产法》第15条规定，商人只有在满足资本不少于100万埃及镑、申请前两年内持续经营且未有以欺诈方式申请重整犯罪的，才可提出重整申请。新《破产法》第31条规定，申请破产拯救和解时申请人应已持续经营满两年且已按相应法律规定进行了商业登记和建立了商业账簿，否则破产拯救和解申请不予受理。提取的重要关键词就是：重整不少于 100 万埃及镑，和解须已持续经营满两年。

二、因财务陷入困境中止支付商业债务

列夫·托尔斯泰的名著《安娜·卡列尼娜》中有一句名言：幸福的家庭都是相似的，不幸的家庭各有各的不幸。因为新《破产法》规定了第二个符合破产原因，那么解读起来就很匹配这句话所表达的意境。破产的表现都是相似的，但没钱的原因却各有各的不同。每个商人申请破产时外在表现必须一致，即中止支付商业债务，而所谓的财务陷入困境说白了就是账上没钱了，至于为什么没钱了，则是每个商人各有各的故事。对于中止支付债务，这里需要指出的一点是，"债务"这个宾语前没有定语"到期"，我国《企业破产法》第 2 条规定的是"企业法人不能清偿到期债务"，而埃及新《破产法》则没有规定债务必须要到期。

在本书前言，笔者大量引用官方数据试图说明埃及投资环境"好"的一方面，这里就谈一下目前埃及市场的一些并非利好的因素，大环境作为外因也会对商人、对投资者的内部经营产生一定的作用，是否真的会到破产的地步肯定是要结合个案的。

（一）人口增长与人口红利未能显现的矛盾

埃及 2018 年人口数量，根据埃及国家公共动员与统计总局给出的官方数字是 9842 万，几近 1 亿人口，60% 在 30 岁以下，且每年以约 250 万人口的数量增长。对衣食住行的"刚性"需求巨大，内需市场应该是活跃且旺盛的，但实际情况却非如此。拿衣食住行中的"行"来举例，2016 年埃及镑差不多"半砍"之势贬值后，即使在汽车销售旺季，一年内都未能卖掉 10 万辆新车。而红海对岸、人口只有埃及四分之一的沙特阿拉伯一年就消化掉近 50 万辆新车。内需拉不动主要还是人们手里没有钱，或是手里的钱不值钱了。有分析人

士曾指出，埃及目前还是一个典型的发展中市场，20%的人口带动着国内80%的消费能力。理论上，年轻劳动力多是"人口红利"的一个重要表现，但目前却饱受着13.2%的高失业率，原因就是国内没有更多岗位提供，许多待业青年的出路要么试图跻身旅游业，要么出国打工。旅游业一直是埃及外汇收入的支柱产业，2018年贡献了98亿美元，占到了GDP的4%，从业人员也占到了整个就业大军的1/10，但哪个领域都有饱和；或者选择出国打工，埃及2018年侨汇收入增长了1/5，达到了264亿美元，但毕竟境外打工是怀着思乡之情建设别人的国家。

简单来说，向外国或国际组织寻求贷款也好，大力吸引外资也好，货币主动贬值也好，埃及当局所使出的浑身解数就是为了大力发展基础设施、提升和巩固工农业基础，以便吸纳更多的就业人口，利用人口红利拉动内需实现经济转型。再讲的通俗一些，就是得让老百姓口袋里有钱。年轻劳动力数量庞大，但其价值不能得到很好的实现，这不仅是埃及当局要解决的经济问题，也是一个会影响社会稳定的政治问题。

从良性循环角度看，投资项目带动埃及劳动力的就业，劳动者收入提高，内需提升，埃及经济逐步转型，投资者获得预期效益，大家皆大欢喜。但各个环节不能出差池，比如近几年埃及劳动力的工资一直停滞不前，生活成本如电费和燃油却价格上涨，居民补贴大面积取消，埃及当局为了社会稳定需要，一旦启动政策性调整，要求职工工资递增或福利加大，势必会对投资收益造成影响。人口高速增长与实现人口红利之间既有着巨大的机遇也存在着巨大的风险，埃及当局如何处理好这个矛盾，让经济运行进入良性循环，给投资者吃下定心丸，还要拭目以待。

（二）货币贬值刺激投资、出口与贸易逆差短期无法改善的现实

埃及目前大力吸引外资发展经济的势头很像我国改革开放初期，但不同的是，我国的改革开放初期没有发达的互联网，也不是由此带来的资讯时代，更没有资讯时代下瞬息万变的金融市场、期货市场、贵金属市场、外汇市场等可以进行短期投机性交易的市场以及能让热钱进入转出的资金通道。

本书前言中提到联合国贸易和发展会议《全球投资报告 2018》中有关对埃及直接投资状况的描述："……2016—2017 年间直接投资明显下降了 9%"，新《投资法》出台后的这两年才有所好转，但这些投资大部分要么是原油化工领域，包括埃及最近发现的天然气项目，要么就是热钱的短期投机。热钱的投机，尤其是在一些免税的或有优惠的金融债券领域的一进一出，让真正的传统实体经济投资者很受伤。埃及当局让埃及镑贬值，其目的非常明确，就是吸引投资刺激出口，扭转贸易逆差太大的局面（埃及央行统计 2015—2016 年度最大贸易逆差为 198 亿美元，而 2016 年直接投资是 81.07 亿美元，如果单从收付汇角度看，这两个数据给人的感觉会是"进来"的还不如"出去"的多。2018 年贸易逆差为 60 亿美元，基本与 2017 年持平）。但热钱的投机行为成为潜在的威胁因素，一旦国内美元短缺就会极大打击投资者的信心，虽然新《投资法》规定投资者的利润可以自由汇出，但前提是投资者得把手里的钱换成美元或其他自由流通货币。

另外，埃及镑贬值虽然刺激投资，但由于埃及国内基础工业薄弱，很多原材料及中间产品还是得依赖进口，虽然有上面谈到的大量劳动力可以减低人工成本，但放眼全球，越南、孟加拉国、印度等国也有呀。投资者可以用埃及镑支付工人工资但进口原材料还是得用外汇。据悉埃及当局计划出台新的鼓励措施来使用地产商品代替进口，这里主要是指在自由贸易区等享有特别关税区域的国外投资项目生产的产品，虽然制度上视同进口，但可以给予 80% 的关税减免。

此外，高贷款利率也使得商人们不得不"小心翼翼"经营，2019 年 2 月 14 日埃及央行时隔近一年下调隔夜贷款利率 100 个基点，从 17.75% 降至 16.75%（看着很高，也是应对货币贬值的无奈之举），即便有刺激信贷、宽松货币的作用，但也十分有限，新增贷款的成本还是摆在那里，一旦扩展没有达到预期效果，面临的后果可想而知。

短期来看，整个埃及都"缺钱"，中国有句古话正好用在这里"大河有水小河满，大河无水小河干"，巨大的贸易逆差造成了"尼罗河"里无"美元"。

（三）军工企业的"特权"优势

前面提到埃及存在大量的国有企业，从市场主体看，虽然是带"国"字的队伍，但是也和其他私营部门的公司企业等作为平等主体参与市场行为，开展公平竞争，承担公司企业包括纳税在内的社会责任。但埃及的军工企业却有着一些"特权"：预算不公开，也不用纳税。2018年埃及军工企业创造了116亿埃及镑的收入，比2017年增长了130%。埃及的军工企业由军事生产部主管，也就是说和军工企业合作"好处多多"，2018年5月我国协鑫集团与埃及军事生产部签署了建造一个价值高达20亿美元的太阳能电池板生产厂的备忘录；当月击败中企中标埃及新行政首都与十月六日城单轨项目的加拿大庞巴迪联合体也有与埃及军事生产部下属企业——200厂的合作协议。

能和埃及军工企业合作的都算是"幸运儿"，在众多公司和企业为获得美元而挣扎之时，军工企业却更像一个"财神爷"。埃及的商人经常会打趣地说："在埃及，其实只有两种成功的生意，一是军队经营的，另一个是正在走向由军队经营的。"因为一旦那些缺钱的公司或企业向军工企业"求援"，最小的代价就是要分给军方"一杯羹"（出让份额或股权），甚至直接会被收购或兼并。当然这种不公平是和埃及的历史与现状分不开的，如果说埃及国有企业不担心破产，那么军工企业是会直接无视这个词的。

当然无论大环境如何，最终决定商人生存与否的还是自身的能力，所谓"打铁还需自身硬"。除了上面两个符合破产原因外，商人去世或者退出商业经营，则是客观或者主观原因，也会导致宣告破产的程序启动。新《破产法》第76条第2款规定了中止支付情形下商人去世或退出商业经营的，可宣告其破产。这就是说出现商人去世或退出商业经营这两种原因时，还必须符合"中止支付"情形，因为商人去世后其继承人继承债务继续经营的，或者清偿完债务再退出的情况都是存在的，至于如何申请以及申请中出现的各种问题会在下面章节中阐述。

第三节 调解程序

本书第一章第二节"埃及破产案件的司法环境"中对在埃及通过法院诉讼实现救济的现状做了简单的阐述。那么除了耗时长、成本高的诉讼方式外，也可以通过调解的方式来解决争议。

一、一般规定

埃及的很多法律都规定了调解方式和认可调解的效力，其中有：

(1)《刑法典》中对25个轻罪；

(2)《民法典》第549~557条；

(3)《民商事诉讼法》第64条、71条及103条；

(4) 其他如涉及税法、海关法、建筑法、环境法、投资法、行政法等法律法规也有规定调解方式。

以上所述的规定的调解方式是可选择的，根据当事人的意愿，法庭不会强制要求；但同时埃及也有法定的两个调解程序——涉及婚姻家庭类和破产类案件。对于婚姻家庭类案件一般由法庭书记员主持调解，对于破产类案件就由法官来主持，当然调解不成还是归于裁判。

对于调解机构，除了法院主持调解外，仲裁调解机构调解也为广大跨国投资者广泛选用。2002年联合国国际贸易法委员会（United Nations Commission on International Trade Law，UNCITRAL）发布了最新的阿拉伯语版示范性调解规则，这就为仲裁调解机构开展调解工作提供了全球通用的统一依据。目前，埃及有两家独立机构和根据新《投资法》规定可临时组成的三种委员会来进行法庭外调解：①阿拉伯调解中心（Arab Mediation Center，AMC）；②开罗地区国际商事仲裁中心（Cairo Regional Centre for International Commercial Arbitration, CRCICA）；③根据埃及新《投资法》规定设立的总局复议委员会、投资争议解决部级委员会、投资合同争议解决部级委员会。

可以看出调解在埃及还是被广泛采用的，相比诉讼而言效率高、效果好，省去了因诉讼弊端带来的煎熬。当然这里还有一个因素不能忽视，就是埃及本土文化的影响，尤其是在上埃及地区（即埃及南部地区），至今仍受氏族部落文化的影响。埃及是一个宗教大国，信奉伊斯兰教的人口占了约九成，伊斯兰教教义在规范埃及社会行为上占据了很大的地位，在部落尚存的南部地区由氏族族长主持对争议的调解也是普遍存在的，其实这个现象在民族众多的非洲地区更为盛行，有时候由氏族族长或头领主持调解的效果要好于官方渠道的法律手段。由此看来，埃及人民对通过调解解决争议的观念，基础还是很广泛的，虽然如此，在通过调解解决争议的问题上，由于文化背景教育水平的差异，对投资者而言还是要把握好尺度。国际化的调解在埃及本土人民看来毕竟是一种西方文化指引下的手段，有时面对来自欧美的投资者可能会带来一些宗教观念的冲突。对于我们中国投资者来说，如果是信仰伊斯兰教的投资者自然可以通过伊斯兰教义和有关法律规定"有理""有据"地开展调解；对于持有无神论观念的中国投资者而言，更要注意对对方宗教教义的尊重和把握，如果对其不了解，还是要侧重于事实、公理和官方法律，毕竟调解是一种双方心平气和、互谅互让来解决争议的行为。

二、新《破产法》有关调解的规定

新《破产法》第 1 条将调解定义为：调解是一种友好解决商业纠纷的方式，由破产立案法官主持拉近因合同或非合同关系产生争议各方的观点或提出适宜的解决方法。因为破产案件属于经济类案件，故该处的调解专门指商业纠纷。同时该调解是法定程序，也就是说法官必须主持调解。

1. 调整主持机构

新《破产法》规定的调整主持机构是设立在经济法院内的"破产管理机构"。该机构由最低级别为上诉法院的法官担任负责人，组成人员包括足够数量的最低级别为基层法院的院（庭）长（命名为"破产立案法官"）。也就是说破产管理机构的法官不太可能来自初任基层法官，需要级别稍高、有一定审判经验的法官来担任。这些法官从每一个审判年度开始的全体法官大会中选出，并为其配备足够数量的破产管理专家、行政人员和书记员。

破产管理机构的主要职能有三项：①受理重组、破产拯救和解、宣告破产的申请；②负责对重整、破产拯救和解及宣告破产的申请进行调解；③收齐并准备破产法庭审理所需的文件，制作权利人请求事项及相应支撑文件的记录。

2. 调解参与各方

因为新《破产法》规定的三大程序：重组、破产拯救和解、宣告破产程序，都要向破产管理机构申请，所以不管是哪个程序的当事人也都是和解程序的参与人。

申请人首先要到专属管辖法庭书记员办公室进行立案登记，然后将立案材料交到破产管理机构负责人处。破产管理机构负责人，即某一上诉法院的法官审阅后再交由破产管理机构的破产立案法官对具体案件展开调解工作。当然，除法律规定或争议解决执行需要作出必要披露外，破产立案法官是要对涉及调解程序的一切内容进行保密的。

除了法官、需调解的双方外，新《破产法》第8条还规定，为完成调解程序，必要时破产立案法官可以征求有关方面意见，其中包括重整委员会专家组成员意见；同时破产立案法官可责成争议双方中任意一方支付专家费用。有关重整委员会的组成会在下一章重整中详细阐述，这里就通俗理解成所要进行调解事项方面的专家即可。

3. 进行调解

以上的各种参与调解的"角色"都具备了，那么下面就要正式"演出"了。调解是以会议的形式，而非庭审的形式开展，这从形式上有利于减轻各方当事人的压力，创造一个比较友好的氛围来促成调解达成相应的协议。调解会议的召开须由争议各方或取得解决该争议特别授权的各方代理人参加，这里的代理人可以是在埃及本土聘请的律师，也可以是投资人聘请的国外律师，埃及目前还没有对国外律师参与仲裁和调解的限制，但从司法实践角度看至少要向涉案地区的上诉法院备案。

在兼顾各方请求和调解条件的基础上，破产立案法官可采取其认为适宜的方式开展调解，其可召集争议各方或其代理人进行面对面调解，也可单独对一方进行。这里的单独对一方进行，其实就是我国法院经常采用的"背对背"式的调解方式。破产立案法官应采取其认为适宜的方式拉近各方观点以便达成对争议各方具有约束力的解决协议。

解决协议一旦达成，各方应在写明具体内容和调解经过的解决协议上签字。破产立案法官作出批准该争议解决协议和终结申请的决定书，该份解决协议视为具有执行效力的法律文书。

争议解决未能达成的，破产立案法官不再调解将案件交由专属管辖法庭审理并责成申请人通告各当事人，同时该通告函交存法院书记员办公室，由书记员记入案件卷宗。

申请人缺席破产立案法官调解会议两次的，终止调解。我国司法实践中，一方当事人一般迟到超过30分钟，主审法官就会认定为缺席记录在庭审笔录中。新《破产法》规定的缺席两次，也足见埃及法官主持调解的诚意，在我国的话，一般情况下一次调解不成就不再做调解工作了。

整个调解程序应当自申请提交之日起30天内完结，破产管理机构负责人可以且只能对此调解期限延长一次。也就是说调解最多60天的时间，调解不成归于各自庭审程序。

4. 调解效力

破产立案法官对调解程序形成决定书,不论是调解成功还是不成功,其各项决定均为终局决定。也就是说,调解成功了就是"一调终局",除法律另有规定或决定超越权限外,不得上诉。

第四章 重整程序

重整是新《破产法》增加的内容，其产生背景和现时意义已经在第二章埃及新《破产法》特点一章作做过简单论述，这里就不赘言。新《破产法》第18条规定重整旨在制订计划以便从财务上和管理上对商人经营活动进行重新调整，包括摆脱当前财务困境、恢复经营的方式方法，以及根据拟议的资金来源表清偿债务。简单讲重整就是为了让商人"活"下来，以便恢复清偿债务的能力，使债权人利益得到保障。那"活"下来的资金来源呢？新《破产法》规定可通过资产重估、债务重组（包括国家债务）、增加资本金、增加内部现金流、减少外部现金流、管理结构重新调整等多种方式取得。通俗一点说，重整必须要有外部资金的进入，同时需要对商人这台机器的"操作系统"进行更新，从而使债权人和债务人都能得到一个比较满意的结果。

第一节 重整程序的申请

一、申请条件

新《破产法》规定的重整申请条件如下：

（1）申请主体为商人或其继承人；

（2）资本不少于100万埃及镑；

(3) 申请前两年内持续经营；

(4) 未有以欺诈方式申请重整犯罪。

（一）申请主体

申请主体商人包括以经商为业的适格自然人又包括符合法定形式的公司或企业，即普通合伙企业、有限合伙企业、有限责任公司、股份公司和股份有限合伙企业。凡是属于新《破产法》所承认的商人都满足申请重整的主体要求，后面的破产拯救和解和宣告破产申请也是如此，但这只是最基本的要求。

新《破产法》第16条规定，商人死亡的，经其继承人申请可在其死亡后一年内对其经营活动或资产进行重整，但须全体继承人一致同意。

由此可以总结出，重整申请只能由债务人一方提出，不管是商人或是其继承人。但在重整整个期间商人仍可继续管理其财产，继续对在重整计划批准前后产生的不违反该计划的义务和合同行为负责。

（二）资本不少于100万埃及镑

这里的"资本"，新《破产法》并没有明确是注册资本还是投入的实际出资，注册资本就是"营业执照"上的一个数字，而实际的出资可以是现金，也可以是实物、劳务、知识产权等其他有形或无形的资产。当然按照字面的理解应是指注册资本，但笔者更倾向于后者——实际的出资，因为在申请所附材料中要求提交申请重整前两年的资产负债表和损益表以及申请重整时动产、不动产的详细清单以及其估值，这就要求重整申请人"敝帚自珍"，如果达不到这个基本金额，法院就视为不具备能"活"下去的基本能力。同时法院也会对材料进行审查，这一点第209条的规定可以给予一定的"印证"，即在破产资产清算后查明其价值不超过50万埃及镑的，破产清算法官可自行或经破产管理人、任意一名债权人申请后按"简易程序"办理。这就说明，申请人自己申报资产的同时法院也会核实申请人实际的资产，弄虚作假是要付出代价的。那么再从商事主体公示主义的角度看，是不能否认注册资本"威力"的，前面讲过埃及有限责任公司的注册资本是 5 万埃及镑，股份公司的"起步价"是 25 万埃及镑，如果申请人提交的商业登记机关核发"执照"上显示注册资金超过 100 万埃及镑，也足以说明其不是小微型企业，是具备启动重整实力的。笔者认为新《破产法》设立该项基本经济条件主要面向的是跨国投资者合资、合作或独资的公司或企业，而屏蔽的是占埃及企业总数九成以上的小微型企业。很显然跨国投资动辄百万、千万甚至上亿美元的投入，那是"一骑绝尘"般的"藐视"这 100 万埃及镑的底线。另一方面，重整需要外部资金的注入，不论是跨国投资者总部资金引入还是国际兼并或收购的发生都属于"高大上"的操作，基本与占埃及企业总数九成以上的小微型企业无关。或者可以这么说，屏蔽埃及小微型企业，是埃及对自己"民族"经济的一种保护，重整就是换"操作系统"，谁也不希望由外人说了算。

（三）申请前两年内持续经营

关于此条件，需要商会来出具证明，确认该商人在申请重整前两年处于持续经营状态。

埃及的商会是根据 1951 年第 189 号《商会法》设立的独立公共法人组织，其性质不等同于商人自发组织的协会。该法在 2002 年经过调整后修改为 2002 年第 6 号《商会法》，并于同年由原供给及内贸部发布 2002 年第 25 号《商会法实施条例》部长令。

2002 年第 6 号《商会法》第 25 条以及 2002 年第 25 号《商会法实施条例》部长令第 2 条都规定，在商业登记机关登记的埃及自然人（不论性别）和法人都应加入商会。

当然加入商会是要交纳会费的，费用按注册资本的 2‰ 按年度交纳，不低于 24 埃及镑也不超过 2000 埃及镑，延迟交纳的还要收取相当于年费 1/4 的罚金。

那么申请重整的商人，也包括下一章申请破产拯救和解的商人，都需要取得商会出具的申请前两年处于持续经营状态的证明,那也就是说必须要加入商会并且按时交纳会费,如果这个基本"合规"程序不能履行的话,这个证明也是无法取得的。

(四)未有以欺诈方式申请重整犯罪

对申请重整的商人没有作出像对申请破产拯救和解的商人更严格的规定,只是"未有以欺诈方式申请重整犯罪"即可,因为申请重整的商人是要继续"活"下来,原有的债权债务原则上还是继续有效,所以并不像和解要取得法院和债权人的信任。而对申请破产拯救和解的商人除了规定不能欺诈犯罪外,对犯有伪造、盗窃、招摇撞骗、背信失德、签发空头支票、挪用公款等罪的,除恢复名誉外,是不得提出和解的。

二、申请原因

新《破产法》并未直接规定申请重整的原因,但仍需满足一般破产原因,即因财务陷入困境中止支付商业债务。但因申请重整是为了商人"活"下来,在申请原因的满足上又比一般破产原因"轻"一些,即:只要发生财务陷入困境从而影响经营即可。

三、申请材料

提起的重整申请中应阐明陷入财务困境的原因及发生时间、针对该情况所采取的防范措施或解决效果、摆脱困境必要措施的看法等。

申请应附带下列材料:

(1)申请所涉及数据的支撑文件;

(2)一份商业登记机关的证明,证明该商人在申请重整前两年已经履行了有关商业登记的要求;

(3)一份商会的证明,确认该商人在申请重整前两年处于持续经营状态;

（4）申请重整前两年的资产负债表和损益表副本各一份；

（5）申请重整前两年个人总费用表，申请人为股份公司的除外；

（6）申请重整时动产、不动产的详细清单以及其估值；

（7）债权人及债务人的姓名地址、债权人债权数额、债务人债务数额以及债权债务担保等详单；

（8）一份指出之前未申请重整，或前次申请终止且已经过三个月的说明；

（9）一份商人未宣告破产或签订破产拯救和解协议的说明。

申请人为企业的，除附带上述规定的材料外，还应附带商业登记机关认证的公司设立章程副本和合伙人（出资人）协议副本各一份、申请人身份证明文件、合伙人或股东大会关于申请重整的决议、普通合伙人基本信息等。

申请人应在申请重整随附文件上签字和注明日期，对提交部分文件或完成数据有困难的应在申请书上说明原因。

法官有权要求申请人在规定期限内补充有关经济和财务状况的信息和材料。

四、排除适用情形

新《破产法》第15条第2款规定了清算阶段的企业不得申请重整。这个可以形象地理解为企业已经"死掉"，都到了准备给债权人分配"遗产"的时候了，哪里还有能力"起死回生"呢？

对于刚刚宣布企业"死刑"的情形，是否可以提起重整申请呢？答案也是不可以。新《破产法》第17条第1款规定在对商人作出宣告破产裁定或启动和解程序裁定的情形下不得提起重整申请。宣告破产裁定即宣布企业"死刑"，和我国《企业破产法》的不同在于，我国宣告破产裁定一经作出，企业就算死亡了，没有回头路可以走；但是埃及新《破产法》即使宣告破产，还可以通过调解达成和解，一旦和解达成并为法院核准，那这个"死刑"就算撤销。启动和解程序裁定作出等于是进入了"死刑"撤销程序，这个阶段就是一个抢救"危重病人"的阶段，是不是具备"活"下去的能力尚未可知。

请注意上面提到的是裁定作出，就是说由法院对宣告破产或启动和解程序正式下达了法律文书。在未作出裁定前，即法院已经受理宣告破产或启动和解程序申请，尚在审理过程中，这个时间段商人提出重整申请的，宣告破产或启动和解程序中止。对于这种情形新《破产法》第17条第2款规定提起重整申请后，直至决定重整申请结束之前，宣告破产申请和破产拯救和解申请中止。

如果重整申请被驳回，那么之前的宣告破产或启动和解程序申请还会继续进行；如果重整申请被驳回时没有申请宣告破产或和解的，三个月后可再次提起重整申请。新《破产法》第17条第3款对此情形作了相应的规定，即驳回重整申请或终止前次申请的，3个月内不得再次提起。

第二节 重整受理

一、受理机构及审查部门

受理机构自然是破产管理机构，在本书第二章埃及新《破产法》特点中已经详细地介绍过，这里主要说一下重整申请的审查部门——重整委员会。

（一）破产管理机构专家花名册

新《破产法》第14条规定主审法官有权在争议的任何阶段组建由破产管理机构专家花名册上的专家组成的"重整委员会"。也就是说组成重整委员会之前必须先有一个专家花名册，那这个花名册是如何设立的呢？

根据新《破产法》的规定，对花名册专家遴选组成、登记办法、专家开展工作方式、问责机制以及对专家履职最低和最高薪酬等由主管部长，即司法部长来决定，由其发布条例来规定设立一个包括经济法院各类专家名单在内的有充足数量专家登记其中的花名册。除经济法院各类专家外，其他专家可来自破产重整和资产管理领域的专业事务所和公司，有需要时也可是来自财政部、投资部、商业部、工业部、人力资源部、中央银行、投资总局、金融监管总局、证券交易所、商会总会、工业联合会、破产信托机构、评估专家机构或其他机构的专家。

（二）重整委员会的职能

新《破产法》第 14 条规定了重整委员会的下列主要职能：

（1）专职制订重整计划；

（2）管理、评估商人资产；

（3）开展其他被委派的工作。

同时，新《破产法》第 163 条在为保护公共利益或破产人、债权人利益时规定了"强行"继续经营条款，该种情形下，重整委员会还负有制订包括运行破产人经营场所在内的继续经营计划。

这里只需要提一下的就是重整计划制订中对整个计划执行完毕的期限不能超过 5 年。

（三）受理时限

重整委员会自重整申请提交之日起 3 个月内向破产立案法官提交一份报告，报告包括对商人经营陷入困境原因的看法、重整的可行性、拟议的重整计划等内容。经破产立案法官准许，该期限可再延长一次。

那么，重整委员会一般的审查时限是 3 个月，经破产立案法官准许后还可以延长 3 个月，那就是最长时限为 6 个月。

第三节　重整计划的批准

一、批准情形

（一）破产立案法官批准

重整计划经各方一致同意签字后，由重整委员会提交破产立案法官批准，经批准后该重整计划对各方具有约束力。那么可以看出，重整计划的生效条件是经主审破产立案法官批准，而破产拯救和解是要法院予以核准，从这一点可以看出，重整计划的批准过程可以在破产立案法官主持的调解程序中进行，因为调解程序和重整程序的匹配度非常高。

（二）任命辅助人员

破产立案法官认为有需要的，可任命辅助人员协助商人执行重整计划。辅助人员从登记在破产管理机构专家花名册中的管理人员或专家中任命，或任命各方选择的其他人，其报酬由各方达成一致后确定，难以达成一致的，由破产立案法官予以核定。破产立案法官有权自行更换其任命的辅助人员，或经重整计划任意一方请求后更换。

那么辅助人员如何协助商人执行重整计划呢？新《破产法》第22条对此作出了详细的规定：

（1）辅助商人改善财务和管理状况；

（2）为商人提供建议和技术性支持；

（3）制定重整计划的实施机制；

（4）帮助商人友好解决与债权人的争议；

（5）每3个月编制一份报告提交破产立案法官和重整协议各方以供审阅评估重整计划执行进展和商人履约程度。

二、不予批准终止重整申请

下列情形下，根据新《破产法》第27条规定，终止重整申请。

（1）未能对重整计划达成一致的；

（2）商人未在申请中附带所规定的信息或文件的，或未在规定期限内提交的；

（3）商人未支付包括辅助人员报酬在内的重整程序必要费用和开支的，

或查明其资产不足以支付上述费用的；

（4）商人主张重整申请原因消失的；

（5）依据申请随附的数据和文件或依据重整委员会作出的报告被认为不适宜对商人进行重整的；

（6）全体继承人未能就重整达成一致的。

第四节　重整计划的执行

一、批准后效力

重整计划经批准后，直至其终结前，商人及签字的任何债权人之间不得提起与该重整计划或计划进程有关的诉讼、单独诉讼或采取司法措施等，同时涉及诉讼、索赔和债务的时效中止。简单地讲，一旦重整计划批准后，商人就如同被罩了一个保护层，几乎一切对其不利的诉讼都会被冻结，为的是把商人"保护"起来继续经营。

出现上文提到的新《破产法》第163条所规定"强行"继续经营情形的，在执行重整计划中产生让债权人负担义务超过其资产的情形时，该超出部分由同意继续经营的债权人用自有资产承担，除在授权范围内经营产生的由该部分债权人承担连带责任外，每位债权人按各自债务比例予以承担。因为"强行"继续经营是为了大家好，如果执行重整计划过程中需要债权人再"掏钱"出来时，同意继续经营的债权人是要自掏腰包的；同样，如果同意继续经营的债权人在给商人继续经营的授权范围内给第三方造成了损害，那么还要承担连带责任。当然这里不能片面理解为对同意继续经营的债权人就是不利的，因为重整计划中对债权债务的约定也是等价交换，同意继续经营的债权人有可能就可以获得全部清偿，而不同意继续经营的债权人也许只能获得很少部分的清偿。

二、执行终结

重整计划执行期间,商人不得有任何损害债权人权益的行为,包括与其常规经营活动无关的销售行为、捐赠馈赠行为及借贷行为,或任何无偿业务、保证行为、任何抵押、质押行为以及类似违反重整计划的行为等。

重整计划执行完毕时法官应予以终结;或在重整计划难以执行、出现任何违反重整计划事由时,经任意一方请求同样予以终结。

重整计划最长为 5 年,5 年后如果不成功,还可以进入破产拯救和解或者宣告破产程序。

第五章 破产拯救和解程序

新《破产法》的特点之一就是以"和"为本,可以说和解贯穿着整部法律。如果从大的框架来把握新《破产法》中"和解"的话,可以以宣告破产为分界点,之前的称为"破产拯救和解",之后的称为"宣告破产后和解"或"破产清算中和解"。对商人来说,申请破产拯救和解的最大好处就是不被宣告破产,其也成为不了"破产人",身份地位不受影响;后者的和解,商人已经"获得"了破产人的身份,再进行和解就是加速解除对破产人的限制,恢复原有的名誉。无论如何,和解都是债务人"恳求"债权人的过程,债权人同意和解的,必然要吃一些亏,但总是比宣告破产后清算分配得到的多一些,正所谓"两害相权取其轻"。本章主要是讲破产拯救和解,宣告破产后和解将放在第七章清算分配中阐述。

第一节 破产拯救和解程序的申请

一、申请条件

新《破产法》规定的破产拯救和解申请条件如下:

(1) 可宣布破产的商人以及其继承人或受遗赠人;

(2) 陷入财务困境而可能导致中止支付;

（3）须自中止支付之日起 15 日内提出；

（4）已持续经营满两年且已按相应法律规定进行了商业登记和建立了商业账簿；

（5）企业申请破产拯救和解的，须事前获得合伙人或股东大会过半数通过申请破产拯救和解决议的许可；

（6）不存在欺诈或超过一般商人所犯错误的情形。

（一）申请主体

所谓"可宣布破产的商人"就是要求申请破产拯救和解的商人具备申请宣布破产的一般条件，即设立账簿和因财务陷入困境中止支付商业债务。

同时新《破产法》第 32 条规定，以继承或遗赠方式取得经营场所的亲属，一致决定继续经营或在商人去世前得到准许的，可以申请破产拯救和解。有多位继承人或受遗赠人的应对该破产拯救和解申请达成一致；未能就此达成一致的，法庭应听取反对一方的陈述，就当事人权益作出裁判。

从新《破产法》规定的主体可以看出，申请破产拯救和解的一方和申请重整的是十分相似的，都是债务人一方。因为债务人一方不想就此"死掉"，在没有像重整程序那样有外部资金注入的情形下，想通过自救的方式存活下来，那么就只能是一种"恳求"债权人"高抬贵手"的方式"放自己一马"，从而可以得到喘息机会继而经营下去。

（二）申请日期

新《破产法》第 15 条第 2 款规定，中止支付债务的或已申请宣告破产的商人，具备前款条件的，同样可以请求破产拯救和解，须自中止支付之日起 15 日内提出。在达到符合破产条件时或者在已经申请宣告破产但法院尚未作出裁定期间，都可以申请破产拯救和解，有关请求破产拯救和解的原因下文会继续分析，这里主要是指出"中止支付之日起 15 日内"这个条件。

中止支付日期在本部新《投资法》中是一个重要的时间节点，不只是破产拯救和解程序需要，对宣告破产程序更为重要。像我国《企业破产法》一样，埃及新《破产法》也设定了宣告破产前的"怀疑期"，我国是以破产受理日这个时间点为分界线，即申请宣告破产受理之日起向前倒推2年；而埃及的做法是以中止支付日期为分界线，在此日期向前倒推2年。法律之所以规定这个"怀疑期"，简单讲就是对债务人在该期限的资产处分行为归于无效，目的就是为了保障债权人的利益。当然这么讲是太绝对了，不可能所有的处分行为都是无效的或可撤销的，这只是让读者心里有个基本性了解。因为债务人要宣告破产，那么法律就推定债务人事先做好了有利于自己的破产准备，这个期间就是破产受理（我国）或者中止支付日期（埃及）之前的2年，当然法律也不知道债务人会做些什么或者完全知晓债务人所使用的手段，只能在债权人与债务人"斗争"的司法实践中不断总结。我国和埃及都是成文法国家，对于新出现的可归于无效的或可撤销的新手段、新方法一般都会采用颁布新的"司法解释"的方式来予以调整。

关于中止支付日期的确定，分为确定的中止付款日期和法院临时指定的中止支付日期两种。

1. 确定的中止支付日期

新《破产法》第85条第1款规定，法院利用债务人签发的每一份契据、声明或作出的每一项行为来确定中止支付日期，发掘其业务困境以及是否有试图继续非法或损害债权人权益的商业行为，尤其表现在是否有逃匿或自杀行为、隐匿资产、亏本变卖、订立苛刻条款的贷款合同或进行盲目投机行为。

该条的规定凸显法院要"主动出击"，通过实质性审查的方式来确定债务人的中止支付日期，从而更加有效地厘清债务人的各种处分行为是否可以对抗债权人。同时在实质性审查的过程中对损害债权人权益的行为也同时予以"筛选"，并且明确规定了是否存在逃匿或自杀行为、隐匿资产、亏本变卖、订立苛刻条款的贷款合同或进行盲目投机行为，除了债务人逃匿或自杀行为，其他都属于无效或可撤销的处分行为。同时新《破产法》第121条还规定了以下4种中止支付日期后至宣告破产裁定日期前所实施的处分行为不得对抗全体债权人：

（1）除按习俗提供的小礼物之外的各种类型的捐赠。

（2）提前偿还的未到期债务，不论何种偿还方式；结算未到付款日期的商业票据也视为提前偿还未到期债务。

（3）以非约定客体偿还到期债务的；通过商业票据或银行转账方式还款的视为按现金方式还款。

（4）所有抵押或其他约定方式的保证金，以及在该保证金之前设定在债务人特定资产上的优先受偿权。

从埃及法院"主动出击"确定中止支付日期的法条规定角度看，比我国法院"被动式"地单以受理之日为分界线确定之前的债务人处分行为是否无效或可撤销更能带给债权人一种"积极主动"的实效感。当然这只是法条的文字性规定，在破产案件办理的实践中我国法院各项指标都是强于埃及法院的，这一点在第一章中已经阐述过。

2. 临时指定的中止支付日期

宣告破产裁定中未确定中止支付日期的，该宣告破产裁定发布之日视为临时指定的中止支付日期。法院确定中止支付日期很重要的一个前提是当事人提交充足且必要的材料，当然还涉及具体办理中法官是否怠于审查的问题以及出现行政干预等不确定的因素，该条算是一个"底线"条款，能通过审查确定中止支付日期就确定，确定不了那就等宣告破产裁定作出。这里的差别就是从申请到作出裁定的这段时间可能在"怀疑期间"被减除掉，从而使有些债务人的处分行为在程序上"合法"。

新《破产法》第85条第3款还规定了对于商人去世或退出商业经营的情形，即商人去世或退出商业经营后发布的宣告破产裁定中未确定中止支付日期的，商人去世或退出商业经营之日视为临时指定的中止支付日期。

实践中，申请破产拯救和解按照"中止支付之日起15日内"的规定，即是自债务人最后一次付款之日后 15 内申请，至于其最后一次付款之日是否确定为"中止支付之日"，则由法院审查。

（二）破产原因

首先明确：申请破产拯救和解的原因比申请宣告破产的原因只"轻"一点点。这个细微的差别就体现在法条的措辞上，即新《破产法》第 30 条第 1 款所描述的"陷入财务困境而可能导致中止支付"中的"可能"两个字。按照我国《企业破产法》对于破产原因的概括性说法，"资不抵债""明显缺乏清偿能力"及"明显丧失清偿能力的可能"三种原因中后两种即是对这个"可能"比较匹配的理解。因为埃及新《破产法》并未规定这个"可能"到底指什么，那么这就带来了实际上存在的"可能"和债务人经营策略需要的技术性"可能"，笔者简称为客观可能与主观可能。

1. 客观可能

对于客观可能，那就基本等同于申请宣告破产实际存在的原因，因为申请宣告破产不单单只债务人自己，任意一名债权人、检察院以及法院也有权自行裁定，这也是为什么给债务人自最后一次付款后 15 日内申请破产拯救和解的原因，债务人不申请自救式的和解，债权人也不能眼睁睁地看着自己的权益"流失"殆尽。债权人也许在债务人不付款的第二天就申请你宣告破产了，但是法律"有情也无情"，如果是按照先到主义原则，申请破产就排除和解程序，对想"活"下去的债务人也不公平，成了债务人和债权人的赛跑游戏，谁先到法院就决定谁的"生死"。新《破产法》针对这种情形，不仅规定了前置的调解程序，而且以明确的法条给予"宽容"。新《破产法》第 34 条规定向破产管理机构提出宣告破产申请又请求破产拯救和解的，在对破产拯救和解作出裁定前不得对宣告破产申请作出裁定。

2. 主观可能

对于主观可能，笔者看来这个可以完全凭债务人"自主"行使。商人的经营行为,除了法定的公示程序以外,其所从事的商业经营活动完全是自己的事,有些还需要对商业秘密进行保护。如果商人为了经营策略的需要,临时采取其所认为出现了"可能"导致中止支付的原因就可以申请破产拯救和解,至少能屏蔽个别债权追索,最差了还能继续拖延清偿到期债务。但是法律的空子不会那么好钻,新《破产法》第39条就对该行为设置了惩罚性规定,法院裁定驳回破产拯救和解申请时一旦查明商人故意使人产生误解或蓄意制造业务困境的,处以2万以上10万以下埃及镑罚款。

3. 其他条件

在申请破产拯救和解时的其他条件,如已持续经营满两年且已按相应法律规定进行了商业登记和建立了商业账簿、企业申请破产拯救和解的须事前获得合伙人或股东大会过半数通过申请破产拯救和解决议的许可、不存在欺诈或超过一般商人所犯错误的情形等,除了最后一条"超过一般商人所犯错误"这句外,还是比较好理解。因为笔者在翻译新《破产法》时是严格按照阿拉伯文原文意思进行的,所以该句其实就是我们通常理解的"重大过失"行为。

二、申请材料

破产拯救和解申请书须提交到专属管辖法庭破产管理机构负责人处,申请书中应说明业务陷入困境的原因,和解建议以及履行和解协议的保障等。

破产拯救和解申请应附带下列材料:

(1) 申请所涉及数据的支撑文件;

(2) 一份商业登记机关的证明,证明该商人在申请和解前两年已经履行了有关商业登记的要求;

(3) 一份商会的证明,确认该商人在申请和解前两年处于持续经营状态;

(4) 申请和解前两年的资产负债表和损益表副本各一份;

(5) 申请和解前两年个人总费用表,申请人为股份公司的除外;

(6) 申请和解时动产、不动产的详细清单及其估值;

（7）债权人及债务人的姓名地址、债权人债权数额、债务人债务数额以及债权债务担保等详单；

（8）存入专属管辖法庭数额为1万埃及镑的用于发布所作出裁定费用的保证金凭证；

（9）一份未宣告商人破产或提出重整请求的说明。

申请人为企业的，除附带以上规定的材料外，还应附带商业登记机关认证的公司设立章程副本和合伙人（出资人）协议副本各一份、申请人身份证明文件、合伙人或股东大会关于申请和解的决议、普通合伙人姓名地址国籍的信息等。

申请人应在申请和解随附文件上签字和注明日期，对提交部分文件或完成数据有困难的应在申请书上说明原因。同时法官有权要求申请人在规定期限内补充有关经济和财务状况的信息和材料。

与重整申请的最大不同是"存入专属管辖法庭数额为1万埃及镑的用于发布所作出裁定费用的保证金凭证"这一条。因为重整有外部资金注入，不需要担心费用的问题；而和解是到法庭"看病"，法庭尝试着"拯救"商人的"生命"，如果商人真的"穷"到一分钱也没有，那也就没有必要和解了，直接进入宣告破产程序。所以对于破产拯救和解，法院的费用还是要预先缴纳的。

三、排除适用情形

新《破产法》第30条第3款规定清算阶段公司或企业不得进行破产拯救和解。这里的清算主要是指公司或企业依据1981年第159号《股份公司、股份有限合伙企业和有限责任公司法》解散时的自愿清算。同时，2017年第2310号总理决定所颁布的《2017年第72号投资法实施条例》第39条也规定了受《投资法》和《股份公司、股份有限合伙企业和有限责任公司法》调整的公司自愿清算所应遵循的程序。

新《破产法》第 33 条规定，破产拯救和解执行期间或重整期间债务人不得另行请求和解。这里明确了两点：一是申请了破产拯救和解被受理后执行期间不得在申请执行阶段的和解，破产拯救和解已经让债权人"吃了一次亏"了，执行时就不得再打"折扣"了；二是重整程序或和解程序择一执行，不能"交叉"。第五章提到过重整计划最长为 5 年，按照这个最长时效的逻辑走向，可以在 5 年后申请和解，但该执行期间不得提出。

第二节　破产拯救和解的接受

一、受理及审查

受理破产拯救和解的部门同样是破产管理机构，和重整不同的是，为了保护债权人的利益，法院可在申请裁定作出前采取必要措施对债务人资产进行保全。之所以有保全的规定，是为了锁定受理日期后和裁定宣告破产前这一段时间债务人的现有资产。同时，法院会采取一切手段获悉债务人财产状况及陷入财务困境的原因。

经过审查后，除下列情形外，法院一般会裁定接受破产拯救和解申请。

（1）未按新《破产法》第 36 条规定提交文件和数据，或无正当理由未完整提交的；

（2）商人曾被判决以任意一种欺诈方式破产犯罪的，或犯有伪造、盗窃、招摇撞骗、背信失德、签发空头支票、挪用公款等罪行的，恢复名誉的除外；

（3）退出商业经营或潜逃的。

法院对破产拯救和解申请应采取不公开、快速审理的方式，同时所作裁定一审终局。

二、作出接受破产拯救和解裁定

新《破产法》第 40 条规定，申请破产拯救和解被法院裁定接受的，法院应同时作出启动和解程序的命令。这里有一个"裁定",一个"命令",但不是两个法律文书,启动和解程序的命令包含在接受破产拯救和解裁定中。

整个接受破产拯救和解裁定应包含以下内容:

(1) 启动和解程序的命令;

(2) 指派一名和解程序法官对和解过程予以监督;

(3) 任命一名或多名和解管理人负责和跟进和解程序。

(4) 要求债务人向法院财务存入货币保证金以应对和解程序中的费用支出。

(一) 任命和解管理人

和解管理人,其阿语原文为 أمين الصلح,直译是和解"秘书",其主要负责并跟进破产拯救和解申请人和债权人之间的和解程序。因为其角色和破产清算程序中的破产管理人几乎相同,破产管理人可以在宣告破产后负责和解事宜,但此处债务人未被宣告破产,为方便读者理解,笔者译为"和解管理人"。

和解管理人从获准从事破产管理人职业的个人或公司中任命,请注意这里新《破产法》没有规定从"专家花名册"中选任。这里给债权人进入债务人公司或企业直接管理或监督管理留了个法定理由,因此,债权人可自行或委托具有破产管理人资质的个人或公司成为和解管理人。新《破产法》第73条用"反向规定"的方式认可债权人可以成为和解管理人,该条规定和解管理人非债权人的,和解程序法官应给其核定报酬并就此作出决定。这就是说债权人可以成为和解管理人但不拿报酬。

(二) 和解管理人的具体工作内容

和解管理人的具体工作包括以下内容:

(1) 负责在专门记录簿上以天为单位记录所有与和解有关的活动,记录簿结尾处由和解程序法官签字盖章并签注"完结"字样。

(2) 和解管理人应在收到任命通知后 5 日内在商业登记簿中记录启动和

解程序的裁定，同时在和解程序法官指定的日报上公布裁定摘要并邀请债权人召开会议。

（3）和解管理人须在收到任命通知后5日内将随附和解建议的会议邀请函送达已确知地址的债权人。

（4）和解管理人应收到和解程序法官启动和解程序通知后24小时内，在债务人和法院书记员在场情况下开始进行资产清点。

（5）由债务人提起的诉讼和申请执行案件在和解管理人加入后继续进行。

（6）和解管理人在新《破产法》第50条规定的期限，全体债权人（包括有未到期债权的，有特别担保的及已由终审判决确认的），应在启动和解程序裁定摘要登报公告之日起15日内届满后，制作请求参与和解程序的债权人花名册、每笔债权的金额表及其支撑材料、对债务的担保（如有），以及作出对债权予以接受或不予接受的意见。和解管理人可以要求债权人提供债权说明、补全材料、调整债权金额或属性等。

（7）和解管理人应自启动和解程序裁定发布之日起40天内将债权清单交存法院书记员办公室，该期限必要时可由和解程序法官决定延长。

（8）和解管理人须在债权清单交存次日，在和解程序法官规定的大范围发行的日报上公布债权清单交存完成的声明。

（9）和解管理人在确定召开债权人会议日期前5日内向法院书记员办公室交存一份报告，报告债务人的财产情况、财务陷入困境原因、有权参与和解程序的债权人名单等。同时该报告应包含和解管理人对债务人建议的和解条件的意见。

（10）在对和解协议作出核准的裁定中法院可以依据和解程序法官的报告同时作出留任和解管理人或从债权人、第三方中任命观察员的决定，和解管理人留任的应负责监督和解协议的履行以及在发生违背协议条款时向法院报告。

（11）和解管理人在债权凭证上备注已支付金额；不论何种情形，债权人应在和解程序法官的监督下向债务人出具"已收款"字样的收据并由和解管理人签字。

第三节 破产拯救和解的启动

因为启动和解程序的命令包含在接受破产拯救和解裁定中，所以新《破产法》也直接说成启动和解程序的裁定，说法虽有时不同，但都是一个法律文书。

一、破产立案法官启动

（一）破产立案法官

破产立案法官是破产管理机构专职立案审查的法官，除了负责重整案件外，还要负责破产拯救和解申请；而在宣告破产程序中，主办法官则被称作破产清算法官。

（三）破产立案法官职责

破产立案法官职责包括以下内容：

（1）接受破产拯救和解裁定发布后立即启动和解程序，封存债务人账簿，并在封条上签字；

（2）启动和解程序的裁定发布后，决定债务人是否能在其非常规业务活动中签订和解协议、设置抵押或者进行所有权的转移行为；

（3）决定和解管理人交存债权清单期限能否延长；

（4）决定在何种日报公布债权清单交存完成的声明；

（5）制作最终无争议债权清单，并在与债权有关的声明中备注"债权予以接受"以及所接受债权的金额；

（6）在未有对债权提出争议的情形下也可认定该债权具有争议；

（7）对争议债权作出裁判；

（8）核实最终债权后确定就和解建议展开商讨的债权人会议日期，向每一位接受最终债权或临时接受债权的债权人发出与会邀请或下令在指定日报上发布该邀请；

（9）决定每位利害关系人是否可以查阅和解管理人在确定召开债权人会议日期前5日内向法院书记员办公室交存的报告；

（10）主持债权人会议；

（11）核准和解会议纪要；

（12）对是否留任和解管理人或从债权人、第三方中任命观察员向法院提交报告；

（13）核定非债权人身份的和解管理人和观察员报酬。

二、启动和解程序裁定备案及公告程序

（一）启动和解程序裁定备案

启动和解程序的裁定由和解管理人在收到任命通知后5日内在商业登记簿中作备案登记。所谓在"商业登记簿中"通常理解即需要和解管理人到该申请破产拯救商人所在的商业登记机关就和解情况进行登记备案。在第二章"埃及新《破产法》特点"一章中讲到本部法律的特点之一就是埃及境内各有关机关企事业单位对破产信息共享，而且可以是以电子数据信息交换和集中的方式实现共享。笔者认为埃及正朝着这个发展方向努力，但目前尚不具备动动手指就可以电子备案的程度或者尚达不到在数据完全能得到保障的安全网络中进行，所以和解管理人还得亲自到商人所在的商业登记机关，那么想获悉该商人登记情况的当事人或律师也要亲自到该商业登记机关查询。

（二）启动和解程序裁定公告

启动和解程序裁定的摘要需要在日报上予以公告，该裁定摘要公告的意义就在于通过一定发行范围的报纸向该申请破产拯救和解债务人的债权人通告其已经申请和解的信息。那么想要申请债务人破产的债权人可以等一等，想要起

诉债务人的债权人也可以停一停，现在需要做的就是召集所有债权人就和解事宜开会。所以在公告启动和解程序裁定摘要的同时公开邀请债权人召开会议，这里的逻辑顺序非常清楚。

为了使债权人大会顺利召开，除了公告方式外，新《破产法》第 44 条第 3 款规定了"双重"保险，即和解管理人还必须将会议邀请函送达已确知地址的债权人。

三、启动和解程序裁定发布后对商人的影响

启动和解程序的裁定发布后，在和解管理人的监督下商人可继续管理其资产，行使其商业活动所需的常规处分行为。破产拯救和解也是商人想"活"下来的自救行为，虽然会有和解管理人的加入，但最熟悉业务经营的还是商人自己，所以新《破产法》规定了商人常规处分行为不受限，这里的"常规处分行为"可以理解成其营业执照上经营范围内的业务。

对于经营范围之外的业务所签订的和解协议、设置任何形式的抵押或者进行所有权的转移行为都是受限的。除非经主办法官准许，否则可能会被视作无效。这一条是针对已申请破产拯救和解商人在经营范围以外签订和解协议相对方、设置抵押的抵押权人、转移所有权的受让人带来的巨大风险，如果没有事先查询该商人的登记备案情况，直接的法律效果就是效力待定，一切全凭法官自由裁量，法官说行就行，说不行就无效。当然法律为了保护债权人的权益和善意第三方，也作出了法定无效与有效的条款。新《破产法》第 46 条第 1 款，启动和解程序裁定发布后债务人的捐赠行为无效；该条第 2 款，不违背受让人的善意取得，以善意取得方式业已处分完毕的行为有效。

同时，启动和解程序裁定的发布不导致商人的债务到期或其收益有效性的终止。这是对商人行使其商业活动处分行为的法律保障，在商人继续经营期间未到期义务不加速到期，可得到的收益不被剥夺，这正是对债权人利益保障的体现。

提起破产拯救和解申请后，如债务人隐匿部分资产或有恶意损害债权人权益行为的，以及未经主办法官准许对经营范围之外的业务签订和解协议、设置任何形式抵押或者进行所有权转移行为的，法院应依职权裁定撤销该和解程序。这一规定中的"撤销"，有着行政机关对违法单位的执照或许可进行"吊销"的意味。这是一种惩罚性的裁撤，撤销的是债务人申请破产拯救和解的"资格"。

四、启动和解程序裁定发布后对债权人的影响

新《破产法》第 47 条规定，启动和解程序的裁定一经作出一切针对债务人的诉讼和执行程序中止。这一规定和后面宣告破产后冻结债权人的一切追索，效果是一样的，但是目的不一样。启动和解程序的裁定对债权人的追索权限制主要是为了通过商谈让商人"活"下来；而宣告破产对债权人追索权的限制主要是为了让所有普通债权人得到公平的受偿。

启动和解程序裁定发布后对有抵押权、一般优先受偿权、特定财产优先受偿权的债权人也有限制，即裁定发布后设置在债务人资产上的抵押权、一般优先受偿权、特定财产优先受偿权的登记不得援引。也就是说，拥有上述别除权的债权人可不参加破产拯救和解，但是针对债务人上述别除权的单独诉讼要先住手。这里的道理也很清楚，既然是大家坐下来商谈怎么让商人"活"下来，那就别再提这些别除权，否则有这些别除权的债权人分分钟"干掉"债务人，那还叫破产拯救和解吗？当然和解谈不成或者和解协议不予核准，后面的事全凭抵押权人及享有一般优先受偿权、特定财产优先受偿权的债权人自便，愿意起诉就起诉，愿意宣告债务人破产就宣告破产。

第四节　和解会议

一、债权申报

（一）申报主体及期限

全体债权人，包括有未到期债权的，有特别担保的及已由终审判决确认的，应在启动和解程序裁定摘要登报公告之日起 15 日内将原始债权凭证并附带对该笔债权的声明、对其担保的声明（如有）、埃及镑表示的债权金额（如在宣告破产裁定发布当日没有汇率，则以埃及央行公布兑换价格为基准计算，包括卖出价、收盘价、现汇价或现钞价）等以能获取签收信息的挂号信方式交付给和解管理人。

对定居埃及境外的债权人该期限为 30 天，这里没有特别说明是否是埃及人或者是外籍人士。不管是在埃及境内的 15 天，还是埃及境外的 30 天，都不得延长。这里我们可以计算一下，全体债权人申报的期限是自启动和解程序裁定摘要登报公告之日起 15 天，再根据新《破产法》第 52 条所规定的和解管理人应自启动和解程序裁定发布之日起 40 天内将债权清单交存法院书记员办公室，这里裁定发布和裁定摘要登报公告差 5 天（新《破产法》第 44 条第 2 款和解管理人应在收到通知后 5 日内在和解程序法官指定的日报上公告裁定摘要）忽略不计，那么和解管理人制作债权清单的期限和债权人申报的期限是重合在一起的，换句话说，就是债权人边申报和解管理人边制作债权清单；如债权人在最后一天申报，那么和解管理人就需要在剩下的 25 天内制作完成债权清单。乍一看新《破产法》对和解管理人的效率要求之高令人咋舌，但 52 条最后又补了一句"该期限必要时可由和解程序法官决定延长"。

新《破产法》第 56 条规定，未在上述期间提交原始债权凭证的债权人不得参与破产拯救和解程序。

（二）债权清单"公示"

债权清单"公示"的"公示"两字加了引号，以说明该公示并非是将带详细"数字"的债权清单公布出来，只在程序上公告一个债权清单完成的声明。按照新《破产法》第52条第2款的规定，和解管理人需在债权清单交存次日，在和解程序法官规定的大范围发行的日报上公告债权清单交存完成的声明。同时该条第3款继续规定，每位利害关系人都可以查阅交存于法庭书记员办公室的债权清单。所以这里的"公示"顺序是：债权清单完成后交存到法庭书记员办公室，然后登报公告一份债权清单交存完成的声明，看到声明后每位利害关系人再来到书记员办公室查阅具体的债权清单。

当然"公示"的效果就是让人展开讨论，也允许对债权清单提出异议，但提异议的人只能是债务人和每位名字出现在债权清单上的债权人，且需在该清单完成交存声明登报公布后10日内提出。新《破产法》第53条所规定的债务人和每位名字在债权清单上的债权人都可以自报纸公布债权清单交存完成的声明之日起10日内就列入清单的债权展开争议。所争议事项应提交到法院书记员办公室，该争议期限不得延长。这就是说债务人和债权清单上的债权人有且只有10天的时间提交有争议的债权债务，过期不候。

（三）最终无争议债权清单

1. 未提交争议的债权清单

新《破产法》第53条给了10天内对有争议债权债务提异议的期间，不管有无提交都给足10天。10天期限届满后，对未提交争议的由和解程序法官制作最终无争议债权清单，并在与债权有关的声明中备注"债权予以接受"以及所接受债权的金额。

2. 有提交争议的债权清单

那么在上述10天期间里，债务人或债权清单上的债权人就争议债权债务提交了异议的，和解程序法官应自争议提交期限届满后30日内对争议债权作出裁判。裁判作出后，法院书记员办公室应立即通知各方当事人。

同时，新《破产法》在这里还赋予了法院一个超出当事人"诉讼处分权"的特别裁量权——和解程序法官在未有对债权提出争议的情形下也可认定该债权具有争议。对这里的法官认定债权具有争议笔者多倾向于不涉及实质争议的形式上的计算错误，因为民商案件"不告不理"是一个基本的司法原则。

3. 对争议债权作出决定的复议

和解程序法官对当事人提交的有争议的债权债务或自行认定有争议债权债务作出的决定，当事人有权提起复议。复议应自该决定交存书记员办公室之日或通知之日起10日内向专属管辖法庭提起。除专属管辖法庭下令中止外，复议期间不中止和解程序。专属管辖法庭可以在对复议作出决定前暂时接受该债权及其估值。不接受最终债权或不临时接受债权的债权人，不得参与破产拯救和解程序。

经过一番争议后，最后对于债权人来说只有两条道路：要么参与破产拯救和解程序，接受最终无争议债权清单或临时接受债权清单；要么就不参与破产拯救和解程序，但后果是十分严重的。新《破产法》第68条规定，"依据本破产法破产拯救和解协议一经裁定核准后即刻对所有普通债权人生效，不论是否参与和解程序或是否同意和解条款"。

二、会议召开

（一）召开时间

最终无争议债权清单确定后，就具备了召开全体债权人会议的基础，否则这场"纸上谈兵"连"纸"都没有怎么谈。新《破产法》第57条规定，和解程序法官在核实最终债权后确定就和解建议展开商讨的债权人会议日期，同时应向每一位接受最终债权或临时接受债权的债权人发出与会邀请。和解程序法官可下令在指定日报上发布该邀请。至于法官要多久才能确定召开债权人会议，新《破产法》并没有规定，这又归于当事人的努力争取和法官的自由裁量。

上文提到新《破产法》第53条给了10天内对有争议债权债务提异议的时限，这期间和解管理人撰写供和解会议展开讨论的和解建议报告。除了最终无争议债权清单这个"基础道具"外，该份报告也是重要的"调色板"。除了报告债务人的财产情况、财务陷入困境原因、有权参与和解程序的债权人名单外，还会包含和解管理人对债务人建议的和解条件。该报告会在召开债权人会议前5日内交存到法院书记员办公室。经申请并由和解程序法官许可后，每位利害关系人都可以浏览该报告。刚才提到法官要多久才能确定召开债权人会议这一时间新《破产法》并没有给出，笔者认为在实践中法官肯定要结合和解管理人出具该份报告的时间最终确定，这就又取决于和解管理人制作报告的难易程度。

（二）与会人员

参加债权人会议的三方包括：①和解程序法官主持会议；②债权人可以亲自出席或委托一名代表出席；③债务人必须亲自出席，债务人为公司的，其法人代表必须出席，除能为和解程序法官接受的理由外一律不得委托代表出席。

因为破产拯救和解是债务人"恳求"债权人，所以有求于人的一方"不露面"于情于理都是说不通的，法律在这里完全满足了"人情世故"的要求，债务人必须本人出席，对如何建议和解还要法官和债权人听其陈述。当然新《破产法》允许债权人委托代表出席，也是一种给予债权人"面子"的考虑，法律不能强迫债权人妥协的同时还要强颜欢笑，但债权人或其代表应阅读和解管理人报告后方可进行和解条件商讨。商讨过程其实就是各种"讨价还价"，为达成和解，法官可以从中调解，债权人为尽早实现债权可以"吃吃亏"，债务人为了"活"下来避免破产，也可以适当满足债权人利益要求，这些在新《破产法》中被默许。

对于其他人员与会的，新《破产法》第61条规定，申请人配偶和亲属请求和解的，只得从第二阶段开始参与和解商讨或对和解协议进行表决。启动和解程序裁定发布后，接受最终债权或临时接受的债权人将其债权转让的，受让一方不得参与和解商讨或对其进行表决。对于申请人配偶和亲属请求和解的按照规定进行即可，主要是接受最终债权或临时接受债权的债权人将其债权转让后受让一方是否有权参与和解会议的问题。笔者认为新《破产法》之所以有此规定，主要是考虑避免规避破产清算程序中债务抵消行为无效或可撤销情形，一旦债权转让的受让方是债务人的债务人，就有可能出现"不公平"和解的现象，进而影响整体和解程序的进行。

第五节　破产拯救和解协议的签订

一、和解协议达成

（一）一般达成情形

新《破产法》第 60 条第 1 款规定，接受最终债权或临时接受债权的过半数债权人且满足占债权总值 2/3 条件的，在此情形下通过后方可签订和解协议。这里规定的是"两个多数"：人数过半且债权达到 2/3。这里是为了避免债权份额小且人数众多的债权人利用"表决权"侵害债权份额多的少数债权人利益，这也是在某些破产清算中有抵押权的债权人会放弃部分抵押权来换取表决权的原因所在，破产拯救和解程序也是同理。不参与表决的，不计入上述满足两个多数条件的债权人范畴，同时其债权也不计入和解程序，这也是一种表明放弃和解实现债权的"消极方式"。

对在债务人资产上设置有登记的动产或不动产担保的债权人，不得以其担保债权参与和解表决，除非其预先放弃该担保；有担保的债权人可只放弃部分担保，但不得少于其债权总额的三分之一，该弃权须在和解会议纪要中明确。未声明放弃全部或部分担保而参加和解表决的，视为其放弃全部担保。

发行债券或金融工具的公司和解时，其债券或金融工具金额超过总债务金额三分之一的，除该债券或金融工具全体所有者大会一致同意和解外，不得进行和解。例如，上市公司发行股票的金额超过总债务金额三分之一时，公司要进行和解的话，还有一个前置程序，就是需要所有持有发行股票的股东一致同意。道理其实很明了，公司一旦和解就意味着要"吃亏"，但是"吃亏"要吃在明处，不能隐瞒，持有债券或金融工具所有者得先同意"吃亏"才行。

（二）延迟达成情形

上述一般达成情形中的两个多数条件之一未能达到的，和解商讨应推迟10天，但不得再延期。

出席第一次和解大会的债权人或其代表可在和解会议纪要上签字注明不出席下一次会议，该种情形下除非其继续出席并对之前的同意意见或者针对债务人在两次会议期间就和解建议作出实质性修改而给予保留或变更，否则下一次会议其在第一次会议作出的同意和解意见一直保留并有效。

如经延期后还是未达成，即破产拯救和解终结。

（三）和解协议内容

拯救破产和解可包含允许债务人延期清偿债务或利息，也可免除部分债务或利息。债务人有偿还能力的可以达成一个规定期限内清偿债务的和解协议，但该期限自法院核准和解协议之日起不得超过5年。这一规定和重整计划最长5年是一致的。

对于债务人偿还能力的认定，新《破产法》第66条第2款规定了标准，即债务人资产应超过其债务至少10%以上，否则不视为其具备偿还能力。当然债权人有权提出提供物的担保或人的保证来确保和解协议的履行。

新《破产法》对抚养赡养费债务、启动和解程序裁定作出后产生的债务排除适用和解。

(四) 对协议的异议

新《破产法》第 63 条第 1 款规定，破产拯救和解协议应在和解会议中完成表决后签署，否则无效。

新《破产法》第 64 条第 1 款又规定和解会议应制作纪要以记录和解会议过程，纪要由和解程序法官、和解管理人、债务人以及出席会议的债权人共同签字形成。

请注意这里有两份文件需要签署：一个是和解协议；另一个是和解会议纪要。有权参加和解商谈的债权人可以对和解协议提出异议，而不是对和解会议纪要提异议。新《破产法》第 64 条第 2 款规定，有权参加和解商谈的债权人可自和解纪要签字之日起 10 日内以书面形式向和解程序法官提出异议及其理由。

对债权人异议的开庭时间由法院书记员办公室通知异议债权人、债务人；所有利害关系人均可到庭。

对异议的请求法院一审终局并作出核准或不予核准和解协议的裁定。对发现有证据证明的涉及公共利益或债权人权益的，即使没有提出异议法院也可以作出不予核准和解协议的裁定。

法院对和解不予核准的，一旦证实异议当事人故意拖延和解可对其处以 5 千埃及镑以上 2 万埃及镑以下罚款。

(五) 法定核准

破产拯救和解协议的生效条件是法院核准，虽然新《破产法》第 63 条第 1 款作出了破产拯救和解协议应在和解会议中完成表决后签署，否则无效的规定，但这只是完成了和解协议的有效性，还缺少一个生效的形式要件——即通过法院作出一个裁定来核准该协议。

和解程序法官应在和解协议异议期限届满 7 日内将和解纪要提交到作出启动和解程序裁定的法院予以批准，同时附带和解程序法官对包括债务人情况、业务陷入困境原因、和解条件、对和解提出的异议及理由在内的一份报告。请注意这里的和解纪要是批准，而破产拯救和解协议是核准，两个文件前者由和解程序法官提交后者由和解双方当事人提出请求，分别再由法院对和解纪要予以批准以及对和解协议裁定核准，即：法院通过审查记录程序的和解纪要和记录实质和解内容的和解协议来作出最后的裁定。

请求对和解协议进行核准时，如有债权人对和解协议提出异议则一并进行，时间由法院书记员办公室予以通知。对和解协议核准的请求法院一审终局并作出核准或不予核准和解协议的裁定。

对破产拯救和解核准裁定的发布按照宣告破产裁定发布的规定方式进行。裁定摘要由报纸公布，摘要中应包含债务人姓名、地址、商业登记号码，以及核准和解协议的法院、裁定核准的日期等。

二、协议生效后效力及履行

（一）对债权人

破产拯救和解协议一经裁定核准后即刻对所有普通债权人生效，不论是否参与和解程序或是否同意和解条款。

这一规定对在债务人资产上设置了抵押权、一般优先受偿权、特定财产优先受偿权的债权人来说"无所谓"，但是从实现债权角度看，如果他们经过风险评估后认为放弃全部或部分别除权（动产中如机动车的质权、留置权，毕竟其贬值速度很快）来换取普通债权份额或者表决权更有利的话，自然也会选择同意和债务人和解。不过在笔者看来，新《破产法》第62条会令那些拥有占总体债权份额比例很大的别除权债权人，在选择让商人"活"或"死"的问题上有很多话语权，但争取这些债权人同意该拯救和解破产的难度比起宣告破产后和解的难度还是相对要小一些，后者要获得所有债权人的一致同意。

（二）对债务人

债务人或其保证人的连带债务人不得从破产拯救和解中受益；但如与企业

达成和解的，其合伙人以其全部资产承担企业债务的，除和解协议另有规定外，可从中受益。

核准和解的法院依债务人请求可准许其延期清偿和解程序之外债务的期限，但该准许延长期限不得超过和解协议约定的清偿期限。和解协议的核准不会导致债务人丧失作出清偿期限长于和解协议约定清偿期限的权利。

（三）任命观察员

在对和解协议作出核准的裁定中法院可以依据和解程序法官的报告同时作出留任和解管理人或从债权人、第三方中任命观察员的决定，和解管理人或观察员负责监督和解协议的履行以及在发生违背协议条款时向法院报告。

和解管理人或观察员在债权凭证上备注已支付金额；不论何种情形，债权人应在和解程序法官的监督下向债务人出具"已收款"字样的收据并由和解管理人或观察员签字。

观察员在和解协议履行完毕后 10 日内向核准该和解协议的法院请求作出终结和解程序的裁定。

观察员非债权人的，和解程序法官应给其核定报酬并就此作出决定，并于决定作出次日将其交存法院书记员办公室。任何对此决定有异议的利害关系人可在交存之日起 15 日内向该法院提出，法院就此异议作出终局裁判。

观察员为某一债权人的，查明其在工作中作出了非同寻常的努力，在债务人财务状况允许的情况下，法院可自行或依据和解程序法官报告在和解程序终结裁定中决定给付该观察员一次性奖励。

三、和解协议无效、解除情形

（一）无效情形

破产拯救和解协议经核准后一旦发现债务人有欺诈行为的，该协议无效。欺诈行为专指隐匿资产、隐瞒或捏造债务、故意夸大债务金额等。

申请和解协议无效的，应自发现欺诈行为之日起 6 个月内向作出核准和解协议裁定的法院提出，超出该期限的不予受理；核准和解协议的裁定发布经过一年后提出的，不论何种情形，一律不予受理。

和解协议无效的，债权人无须返还和解协议无效裁定前已收到的债务款项，担保和解协议履行的保证人无须承担保证责任，放弃的担保在内的各种保证恢复原状。

（二）解除情形

依据生效和解协议中任意一名债权人申请，以下情形法院可裁定解除和解协议：

（1）债务人不按约定履行和解协议的；

（2）核准和解协议裁定发布后无正当理由债务人转移其经营场所所有权的；

（3）债务人死亡且查明无法履行和解协议或和解协议履行完毕无预期的。

债权人无须返还和解协议解除裁定前已收到的债务款项。

和解协议解除的，担保和解协议履行的保证人所承担的保证责任不予解除；法院应传唤保证人在审理请求和解协议解除之诉时出庭。

终结和解程序的裁定自登报发布之日起 30 日内作出，并在商业登记簿中记录该裁定摘要。

第六章　宣告破产程序

新《破产法》自第75条至第209条全是对宣告破产的规定，共135个条款，而整个新《破产法》才262条，宣告破产占了一半多。新《破产法》将宣告破产分为两部分——商人破产（第75~191条）和公司企业破产的特殊规定（第192~209条），前一部分商人破产涵盖着自然人属性的商人及公司企业，后一部分仅针对公司或企业破产的特殊规定，即不适用于自然人属性的商人。因为我国破产法叫作《企业破产法》，为了阅读上的"亲切感"，故也称作企业，通指公司及企业。

第一节　申　请

一、申请条件

由于符合破产原因在第三章第二节中已经阐述过，这里就不再赘言，主要对宣告破产申请的其他条件进行简单论述。

（一）申请主体

与重整程序及破产拯救和解程序只能由商人或债务人自己提起不同，宣告破产程序的申请主体除了商人自己外，以下主体都有资格：①任意一名债权人；②检察院；③法院；④商人的继承人。

对于债权人，不论是普通债权人还是有担保的债权人，都可以提起申请，但其债权有登记过的动产或不动产提供全额担保的不予受理，除非债务金额大于保证金额。对到期民间借贷，除证明债务人中止对其到期民间债务还款外还须证明债务人对到期商业债务中止还款，债权人才可申请宣告债务人破产。而检察院可以提起宣告破产是继承了埃及商法中"破产入刑"的"传统"，前言部分曾分析过新《破产法》颁布前破产人将面临的刑事风险，就因为埃及现行《刑法典》规定有破产犯罪的条目，所以有检察院提起宣告破产也就理所当然。同时新《破产法》第81条规定，对申请宣告破产案件，由专属管辖法庭书记员办公室通知检察院，检察院缺席或不提出检察意见的不影响案件裁判。那就是意味着，即便不是由检察院提请，商人自行申请、债权人提起以及法院自行裁定的宣告破产案件也要通知检察院，为的就是通过检察院介入来"筛查"债务人是否有破产犯罪的嫌疑。那么法院自行宣告商人破产，笔者认为有直接和间接两种情况。直接自行宣告，主要是对国有企业或者直接关系众多公众债权人的情形，前者是国有企业没有经过重整或破产拯救和解程序，在已经进入破产状态内部管理缺失情况下为了保护国有资产不被"哄抢"而直接由法院宣告；后者则属于比较极端的情形，如公司或企业向公众发行了到期不能兑付的债券或其他金融工具，为了避免引起众多公众债权人的无序申请以及可能引起的不稳定情形，也可以由法院直接宣告该公司或企业破产。对于间接宣告则主要是指前面的程序"失败"后，由法院再紧接着宣告商人破产，如重整计划未达成、重整程序因一方违反而终结、和解协议未达成、和解协议未予核准等情形时，则法院接着自行宣告商人破产。

商人自行宣告破产除了符合一般破产原因外，还有一种情形就是退出商业经营，"金盆洗手"不干了。新《破产法》第76条第2款规定中止支付情形下商人退出商业经营的，可宣告其破产。

对于商人去世，其继承人宣告破产的情形，新《破产法》第76条第2款也作出了详细的规定，中止支付情形下商人去世的，其继承人可宣告其破产。

继承人中有反对宣告破产的，法庭应听取其陈述，之后就当事人权益作出决定。商人去世而宣告破产的申请书应通过报纸公告的方式在被继承人最后住所地向所有继承人进行送达。

（二）申请时间

商人自行申请宣告破产的应在中止付款之日起 15 日内向破产管理机构提出，对于"中止支付之日"已经在第五章破产拯救和解一章中讲过，这里不再就该问题展开。

商人在中止支付情形下干脆退出商业经营而宣告破产的，破产宣告申请应在退出商业经营的次年内提出，自商业登记簿注销商号之日起计算。这里给的宣告破产的时间比较长，比如某位商人决定在当年 12 月份退出商业经营，但直到第二年 1 月份才在商业登记管理机构注销商号，那么新《破产法》允许在"次年"，也就是第三年内提出。

对商人去世其继承人申请宣告破产的情形，应在商人去世的次年内提出，那么逻辑上最长可将近 2 年。比如某位商人当年 1 月份去世，那么其继承人可以在被继承人去世的第二年 12 月份提起宣告破产申请。

对于债权人、检察院以及法院自行裁定宣告破产的时间没有限定，尤其是对于债权人，在债务人拒绝支付任何一笔到期债务的情形下都可以申请宣告其破产。

二、申请材料

（一）商人申请

商人申请宣告破产的应向破产管理机构提出，申请应说明中止支付理由并附带以下文件：

（1）主账簿；

（2）最终资产负债表和损益表副本；

（3）申请宣告破产前两年个人总费用表，如少于两年则为从事经营期间个人总费用表；申请人为股份公司的除外；

（4）截至中止支付之日申请人所有的动产、不动产及其估值的详细清单，同时提交以其名下的无论是存入埃及还是国外银行的账面余额；

（5）债权人及债务人的姓名地址、债权人债权数额、债务人债务数额以及对债权债务的保证等说明；

（6）申请宣告破产前两年针对商人书面投诉抗议的声明；

（7）一份之前未作出启动破产拯救和解裁定或提起重整申请的说明。

商人应在上述文件上签字和注明日期，对提交部分文件或完成数据有困难的应在申请书上说明原因。

法官有权要求申请人在规定期限内补充有关经济和财务状况的信息和材料。

（二）债权人申请

债权人申请需具备以下条件：

（1）需证明债务人所欠债务是到期应收无争议的商业债务；

（2）对到期民间借贷，除证明债务人中止对其到期民间债务还款外还须证明债务人对到期商业债务中止还款；

（3）对延迟债务，债务人在埃及没有明确住所地的、企图逃匿的、经营场所关张的、进行清算的或有损害债权人权益行为的，须提交证据证明债务人中止支付到期商业债务；

（4）须向专属管辖法庭的破产管理机构提交将1万埃及镑存入法院用于公告宣告破产裁定保证金的收据；

（5）债权人请求采取必要的保全措施的应提交申请书，并且须在该申请书中说明其所举证证明的债务人中止支付债务的情形。

（三）检察院提起或法院自行裁定

新《破产法》第80条规定了检察院提起或法院自行裁定宣告商人破产的

材料要求，即由检察院提起的宣告商人破产或法院认为应宣告破产的，排除适用本法第4、第5、第9、第10和第11条规定，书记员办公室应将开庭日传票送达该商人。简单来说，就是不再和破产管理机构"对话"，不需要调解程序前置。

三、排除适用情形

从受理范围来讲，新《破产法》第79条规定，因商人对应缴纳的刑事罚金、税费、社会保障金等中止支付的不予宣告破产。这些罚金、税费、社会保障金等不能作为单一债权而申请宣告破产，但在破产清算中，可作为主到期商业债权的随附债权而存在并且可以获得优先受偿。

同时新《破产法》第80条第2款从时效角度也规定了两个排除适用情形，即在商人去世或退出商业经营次年申请期限届满后，法院不再就此情形对宣告破产予以受理，或经由检察院提请受理。

"在中止支付之日起15日内向破产管理机构提出"条款中的时效主要是针对商人自行运用申请宣告破产这一程序来保护自己，冻结一切针对自己的商业债务诉讼，为自己争取时间来摆脱账务困境，因为如果商人要退出商业经营而宣告破产的话，其时效相当长。这里有关时效的规定源自1999年第17号《商法》第553条，新《破产法》并未进行修改，但在笔者看来，既然新《破产法》增加了重整程序，又将破产拯救和解程序前移，显然是有一种鼓励商人"活"下去的意图，以求"延命"——除非调解不成功，重整计划流产或者和解谈不妥，必须走向破产一条路。那么这里的"中止支付之日起15日内"对商人却是一种"加速死亡"，既然已经"无药可救"，还要规定必须在最后一次"服药"（最后一次支付商业债务）后15天内"死亡"，从情理上对商人来说难以接受，从新《破产法》立法鼓励重整、和解的角度看，"延命"手段与"加速死亡"规定似乎相矛盾。故这一时效规定，在笔者看来没有与时俱进，并且新《破产法》也没有对超过这一时限规定罚则，不具有现实的约束性；或许是埃及立法者规定"中止支付日期"这一概念是与之"配合"的"无奈之举"。

第二节 受 理

一、债务人财产保全及案件专属管辖

法庭审理破产案件时可依职权采取必要的财产保全措施或对债务人财产进行为期3个月且可延长至审结为止的接管。与破产拯救和解程序相比，在宣告破产程序中多了一条财产接管的规定，这主要是考虑接管后继续运营更有利于公共利益或债权人权益。

宣告破产受理后，所有由破产引起的诉讼以及因破产对第三人提起的诉讼或第三人对此提起的诉讼都由破产法院专属管辖。对于"破产引起的案件"，新《破产法》第83条第2款作了相应的解释，即破产引起的案件专指涉及破产时资产、破产管理、清算时资产或适用新《破产法》就涉及破产作出裁判的案件。对破产引起的案件统一专属管辖有利于法院通盘考虑，最大化地厘清债权债务关系，以便实现各个债权人的公平受偿。

二、法院职责

宣告破产申请受理后至宣告破产裁定作出前，法院的职责主要有以下三项：

(1) 临时指定一个中止支付日期；
(2) 任命破产管理人；
(3) 选任破产清算法官。

法院利用债务人签发的每一份契据、声明或作出的每一项行为来确定中止支付日期，发掘其业务困境以及是否有试图继续非法或损害债权人权益的商业

行为，尤其表现在是否有逃匿或自杀、隐匿资产、亏本变卖、订立苛刻条款的贷款合同或进行盲目投机行为。

未能确定中止支付日期的应临时指定一个中止支付日期，宣告破产裁定发布之日视为临时指定的中止支付日期。商人去世或退出商业经营后发布的宣告破产裁定中未确定中止支付日期的，商人去世或退出商业经营之日视为临时指定的中止支付日期。在确定债权清单交存法院书记员办公室日期之前法院可自行修改临时指定的中止支付日期，或者经检察院、债务人、任意一名债权人、破产管理人及有利害关系的第三人提出；经过上述程序后，该临时指定的中止支付日期成为最终确定日期。任何情形下，自宣告破产裁定发布日期倒推中止支付日期不得超过 2 年。

对破产管理人的任命，法院从破产管理机构专家花名册中挑选来作为负责管理破产清算的法律代表。

对于选任破产清算法官，法院可在任何时间决定从本院其他法官中另行任命破产清算法官或在破产清算法官临时缺席时委派其他法官接替工作。

第三节 宣告破产

一、宣告破产裁定发布

法院在宣告破产裁定中对受理阶段职责的结果予以确认，包括临时指定一个中止支付日期、任命破产管理人以及在本院中选任破产清算法官，同时下令在资产清点完成前对债务人经营场所张贴封条。

（一）裁定发布后送达工作

裁定发布后的送达工作由法院书记员办公室执行，具体就是由主审法官的书记员来进行送达。

（1）送达检察院，书记员在宣告破产裁定作出后立即将该裁定摘要送达检察院。

（2）送达破产管理人，书记员在裁定作出后立即用可获取收件信息的挂号信方式通知破产管理人担负起破产清算工作。

（二）裁定发布后破产管理人职责

破产管理人是整个破产清算程序的"董事会"，打个比方来说，正常运作的公司一般有股东大会、董事会、监事会，那么投射在破产清算中，各自的"影子"则是债权人大会、破产管理人以及监督员。由此可以看出破产管理人肩负着整个破产清算的管理执行工作，不仅在程序上要"合规"，还要求实际上具备相关专业知识以及为可能继续运行破产企业而具备相应的经营能力。有关破产管理人的详细解读会在后面内容单独论述。

破产管理人首先应将宣告破产裁定在商业登记簿上进行登记。其次在收到法院通知后 10 内负责将宣告破产裁定摘要在作出该裁定法院指定的日报上公布。摘要应包括宣告破产裁定所涉及的破产人姓名及住址、商业登记号码，作出裁定的法院及裁定作出日期、临时指定的中止支付日期、破产清算法官姓名、破产管理人姓名及地址；同时还应在摘要公布中邀请债权人登记债权。再次，破产管理人须在收到宣告破产裁定通知之日起 15 日内将宣告破产裁定通知埃及中央银行（以便通过其通告埃及各从业银行）、埃及金融监管总局、埃及证券交易所、埃及结算中心，并以全体债权人的名义将裁定摘要签注在破产人不动产所在地的所有不动产登记机关；动产抵押登记的同样予以签注。

（三）诉讼冻结

在宣告破产裁定发布后，除以下诉讼外，破产人不得提起诉讼，不得对破产人提起诉讼或继续该类诉讼。

（1）与限制范围以外的资产及处置行为有关的诉讼；

（2）法律许可破产人开展的涉及破产管理的诉讼；

（3）刑事诉讼。

法院可准许破产人加入涉及破产的诉讼，同时也可以准许债权人加入关系其自身利益的诉讼。如破产人提起刑事诉讼或被控刑事犯罪，或者就涉及破产人人格和身份的起诉、应诉，一旦其中包括有财产诉求的，破产管理人应当加入。

宣告破产裁定的发布同时普通债权人和有优先受偿权的债权人进行的单独诉讼中止；在宣告破产裁定发布前上述债权人申请的执行程序中止，但在变卖破产人不动产日期确定时，经破产清算法官准许可继续该执行程序。

二、破产清算法官职责

破产清算法官被任命后，除行使特别规定的权力外还包括以下：

（1）把控破产管理、监督破产管理进程以及采取必要的措施保存破产清算中的资产，其中包括责成破产管理人提起法律诉讼或采取某些行动；

（2）依照法律规定的情形召集并主持债权人会议；

（3）向法院提交破产情况的季度报告；对属本院专属管辖涉及破产的每个争议案件也要向法院提交报告；

（4）传唤破产人或其继承人、代理人、员工，或者其他有关人员就破产事宜进行法庭取证。

破产清算法官的各种决定须于作出次日在法院书记员办公室存入卷宗，破产清算法官可令书记员办公室将决定通知所有利害关系人，通知方式除破产清算法官决定用其他方式外，均采用能获取收件信息的挂号信方式。

破产清算法官作出的各种决定，除法律另有规定或决定越权外，不得提起复议；符合复议情形的，应自决定书存入书记员办公室之日起10日内将复议申请书交存书记员办公室。由法院通知有关当事人并在首次开庭时审理该复议，但作出决定被提起复议的该破产清算法官回避。除法院认为该决定有继续执行必要外，复议期间该决定停止执行。

（一）查封

宣告破产裁定作出后由破产清算法官立即对破产人的经营场所、办公室、保险柜、账簿、票据、动产等执行查封，也可以委派一名法院工作人员执行；同时须向破产人资产涉案管辖的各法院院长通报其委派工作人员执行对破产人资产进行查封的决定。

破产清算法官认为对破产人资产清点可在一天内完成的，破产清算法官或其委派工作人员可立即展开清点无须张贴封条。查封或清点应制作笔录，由执行查封人员签字后交至破产清算法官。但不得对破产人及其抚养、赡养人的衣物和必需的物品进行查封。由破产清算法官界定上述物品，登记造册并由每位破产清算法官和破产人签字后交付。

破产清算法官可自行或经破产管理人提请可对下列物品不采取封条查封或者予以解封：

（1）商业账簿；

（2）商业票据以及其他即将到期兑付的或需要采取法律程序维护其所确立权益的票据；

（3）破产清算中用于紧急事务支出的必要现金；

（4）易腐烂的、价值急剧减少的或需要巨大费用予以维护的物品；

（5）在决定继续经营后营业场所运行所必需的物品。

上述所述物品的清点须由破产清算法官或其委派工作人员处置并将清点清单交给破产管理人由其在上面签字。

（二）清点

请注意这里是清点不是清算，但对破产人经营场所现有资产的清点也可以认为是整个清算过程的一部分。经破产管理人提请，破产清算法官可下令移除查封封条以便开始对破产人资产进行清点。

进行清点时须由破产清算法官或其委派工作人员、破产管理人、法院书记员同时在场并应通知破产人，破产人有权到场。

清点须编制清单，一式两份，由破产清算法官或其委派工作人员、破产管理人、法院书记员共同签字。一份交存法院书记员办公室，另一份交由破产管理人。清点清单上应注明未张贴封条的资产或已解封的资产。该清点程序可聘请专家对破产人资产进行评估。

商人死亡后宣告破产且在死亡时未制作清点清单的，或者商人在宣告其破产后制作清点清单前、清点清单制作完成前死亡的，应依据新《破产法》第156条规定方式立即制作清点清单或继续完成制作清点清单工作并通知其继承人，继承人有权到场。

清点完成后破产管理人接管破产人的资产、账簿、票据等并在记载以上物品的清点清单结尾处签字。封条移除及资产清点应自宣告破产裁定发布之日起30天内完成。

(三) 商业账簿封存

商业账簿须经破产清算法官作出封存设置后才可交由破产管理人，也就是说破产人的商业账簿在宣告破产后要封存起来。商业账簿封存设置时应传唤破产人到庭，破产人未到庭的不影响账簿封存。

商业账簿封存时，破产人可以不来，但来就必须本人来。破产人不得在商业账簿封存设置时委托他人到庭，其不能到庭理由被破产清算法官接受的除外。

三、任命监督员

(一) 监督员定义

新《破产法》第1条简单定义监督员为选任监督破产清算工作的人员，随后第105条进一步规定为监督员的身份——债权人，即破产清算法官可从自荐担任破产监督员的债权人中任命一名或多名担任监督员。

对破产清算法官任命监督员的决定，破产人和每位债权人均可提出异议，但异议期间该决定不停止执行。异议须提交至作出该决定的法官本人并由其立刻决断，这就是说该环节的决定全凭法官本人自由裁量。

（二）监督员权力

监督员的权力，除其他特别规定外还包括：对债务人提交的资产负债表和报告书进行检查以及其他破产清算法官分派的涉及监督破产管理人工作的任务、协助破产清算法官监督破产管理人工作等。

监督员可要求破产管理人就破产程序进度、收入、支出以及涉及破产的诉讼情况等进行说明。可以说，监督员在破产程序的各个环节对破产管理人进行名副其实的监督，并且还有要求破产管理人向其进行报告。

（三）监督员报酬

因为监督员的身份就是债权人，为了维护在破产清算程序中自身及全体债权人的权益，所从事的本就是"分内"的事情，所以新《破产法》规定监督员不就其工作领取报酬，但在破产清算财务状况允许的情况下法院可决定就其超乎寻常的出色工作给予一次性奖金。

（四）不得任命为监督员情形

破产人的配偶或亲属，进入到第四阶段前，也就是召开债权人大会阶段前，不得担任监督员或被任命为监督员机构的法人代表。

（五）监督员任命解除

破产清算法官可随时决定解除对监督员的任命。除重大过错外，不对监督员问责。

二、裁定发布后的法律后果

（一）对债务人

这一阶段的债务人就可以叫作破产人了，当然也可以继续叫作商人或债务人。一旦成为破产人，根据新《破产法》的规定，就要对其施加限制。

1. 资格剥夺及禁业限制

被终审判决犯有以欺诈方式破产犯罪或过失破产犯罪罪行之一的，自刑罚执行之日起剥夺其行使政治权利以及担任议会、地方议会议员资格6年。该权利和资格剥夺在被判决恢复名誉或免于刑事处罚情形下不适用。

被宣布破产者，除非对其限制解除，否则不得成为商业协会、工业协会、工会、职业团体或体育团体成员，不得担任任何公司经理或成为董事会成员，不得从事银行工作、商业代表、进出口业务，不得担任证券买卖经纪人或公开拍卖师等。尤其是不得从事"商业代表"及"进出口业务"这两项，对投资人来说相当于限制其继续在埃及的商业投资行为。

被宣布破产者，不得代他人管理或处置资产，但依据破产管理人或债权人联合体秘书的方案并经由破产清算法官请示后，专属管辖法庭可解除破产人在行使该代理事项的限制，不论是暂时代理还是长期代理都须在该破产人代理他人的委托书边缘处加注"限制解除"，该解除自加注之日生效。法院可准许破产人管理其未成年子女财产，但不得对未成年子女权益造成损害。

2. 管理或处置其资产的限制

宣告破产的裁定一经作出即限制破产人管理或处置其资产，破产人于宣告破产裁定发布当日实施的处置行为视为在裁定发布后实施。限制破产人管理或处置的资产包括宣告破产当日归破产人所有的一切资产以及在其破产状态下所有权转移其名下的资产。

破产人的处置行为，除经登记、注册或其他类似程序外不能成为对抗第三人的理由；除该处置行为实际发生在中止支付日期之前，否则不得对抗全体债权人。对破产人管理或处置其资产的限制不妨碍其维护自身权益而采取必要的措施。

宣告破产裁定作出后破产人不得清偿其债务或接收其应有的权益。除破产管理人依据1999年17号《商法》第431条规定进行反对外，破产人持有商业票据的，在到期日可以结算；但结算的商业票据款项须存入破产管理人账户。

1999年第17号《商法》第431条规定如下：除票据遗失、持票人破产或被禁治产外，不得拒付。这就是说除去票据遗失及持票人被禁治产外，只要破产管理人不反对，持票人虽然破产，也是可以到期结算出来的。

一旦商业票据在中止支付日期之后宣告破产裁定日期之前兑付，不得要求持票人返还，但出票人或收款人在商业票据开立时知道破产人中止支付的应退还已支付款项。票据第一次背书时如被背书人知道破产人中止支付的，该情形下使用的票据同样负有返还义务。

3. 不属于限制范围资产

不属于限制范围资产包括以下几种：

（1）依法不得予以查封的资产以及决定给予破产人的救助金；

（2）所有权不属于破产人的资产；

（3）与破产人人格或身份有关的权益；

（4）宣告破产裁定发布前破产人签订的有效保险合同中赔付给受益人的保险金。除法律另有规定外，自法院指定中止支付日期后破产人支付的所有保险费，受益人须返还进入破产清算。

4. 另起新业

破产人经破产清算法官准许后可使用非破产财产另起新业；债权产生于新业的债权人对新业财产享有优先受偿权。新《破产法》的这一规定比1999年第17号《商法》第五章第597条"破产人无须准许，可使用非破产财产另起新业"的规定对破产人的限制力度更大。虽然这里的"新业"需要排除新《破产法》第111条第2款限制的"不得从事银行工作、商业代表、进出口业务，不得担任证券买卖经纪人或公开拍卖师"等行业，但也是不能随便从事限制范围以外的行业。可以说，增加了"经破产清算法官准许"意味着不经准许，破产人理论上是全面"禁业"的状态。

5. 针对债权人的无效行为

债务人不得以宣告破产裁定后作出的生效裁判判定的债权对抗全体债权人；同时不得以债务人自中止支付日期后至宣告破产裁定日期前所实施的以下处分行为对抗全体债权人：

（1）除按习俗提供的小礼物之外的各种类型的捐赠；

（2）提前偿还的未到期债务，不论何种偿还方式，结算未到付款日期的商业票据也视为提前偿还未到期债务；

（3）以非约定客体偿还到期债务的，通过商业票据或银行转账方式还款的视为按现金方式还款；

（4）所有抵押或其他约定方式的保证金，以及在该保证金之前设定在债务人特定资产上的优先受偿权。

（5）破产人实施的上述期间未提到的处置行为，在该行为损害债权人权益或受让人在处置行为实施时知道破产人中止支付的，可裁定不予执行针对全体债权人的该种处置行为。

6. 债务人无力支付法院费用情形

在宣告破产时，债务人的账面无现金支付法院宣告破产、公告费用以及对债务人资产查封、解封费用的，该部分支出应从宣告破产申请人存入的保证金中支取；该支出款项从破产清算中首次现金流入后优先于所有债权人受偿。同时，破产清算法官有权下令通过变卖破产清算中部分资产的方式来支付该部分费用。

7. 针对破产人实施有损债权人权益行为的措施——限制出境令

破产人实施有损债权人权益行为的，经破产清算法官、检察院提请，或破产管理人、监督员申请，法院可在必要时向破产人发出限制出境令，该限制期限不超过6个月，但这个限制期可延长。破产人不服的可向专属管辖法庭申请复议，复议期间该限制出境令不停止执行。法院可在任何时间决定取消限制出境令。

对于未触犯刑法的破产人来说，限制出境令是本部新《投资法》中最为"严厉"的司法措施了。虽然不再按照原1999年第17号《商法》第五章所规定的"拘留"措施，但对于投资者而言，"困"在异国他乡滋味也很难受。

除了不能出境外，破产人未书面通知破产管理人行踪位置的，不得离开其住所地；未经破产清算法官准许的也不得更换住所地。

（二）债权人

债权人在宣告破产裁定作出后，最需要做的事情就是抓紧时间申报债权。全体债权人，包括其债权附有特别担保的及已由终审判决确认的，在宣告破产裁定发布后将原始债权凭证、对该笔债权的声明、对其担保的声明（如果有）、本国货币表示的债权金额（如果在宣告破产裁定发布当日没有公布汇率，则以埃及央行公布兑换价格为基准计算，包括卖出价、收盘价、现汇价或现钞价）等交付破产管理人，破产管理人应出具接收声明及债权凭证的收据。

1. 有别除权的债权人

抵押权、一般优先受偿权或特定财产优先受偿权等从全体债权人中别除的权利，在中止支付日期之后且自决定设置该抵押权、一般优先权或特定财产优先受权之日起30天才在有关机关完成备案登记的，可不被执行上述别除权。这就是说在债务人最后一次支付债务后30天内与债权人设定的抵押权、一般优先权或特定财产优先受偿权有效，超过30天的，法院就不再认可。这个条款是一个明显的给债权人抢占先机的"作弊"端口，从积极的角度讲，可以是为了避免宣告破产在调解或和解过程中的"砝码"；从消极的角度讲，对于全体债权人来说，尤其是对于信息不对等、掌握信息滞后的债权人是不公平的。

被裁定在全体债权人中不执行的抵押权或特定财产优先受偿权，其享有顺位在后的抵押权或特定财产优先受偿权的债权人应获得该种保证地位。但来自变卖设定该保证的财产所得价款不得给付上述债权人,其只能获得在执行完在先的抵押权或特定财产优先受偿权之后的部分,在先的抵押权或特定财产优先受偿权的部分归全体债权人。

抵押权人、拥有特别优先受偿权的债权人以及拥有特定财产优先受偿权的债权人有权针对破产人提起单独诉讼或者继续进行其诉讼。同时有权执行或继续执行上述有抵押权、特别优先受偿权或特定财产优先受偿权的资产,但须通知破产清算法官该执行,并以破产管理人为被执行人。

2. 普通债权人

普通债权人和拥有一般优先受偿权的债权人在宣告破产裁定公布后不得对破产管理人单独提起诉讼或者采取其他任何司法措施。请注意这里的"被告"是破产管理人,而上一段提到的拥有别除权的债权人可以提起的单独诉讼或者继续进行的诉讼是针对"破产人"。简单来理解,就是普通债权人不得提起新的诉讼,但是有别除权的债权人不受"制约",已经对宣告破产前的债权人提起的诉讼可以继续,而不可以针对接管后的破产管理人提起新的诉讼。

普通债权人在宣告破产前已经提起的针对债务人的诉讼中止。宣告破产裁定的发布立即导致债权人进行的单独诉讼中止;在宣告破产裁定发布前普通债权人申请的执行程序也中止,但在变卖破产人不动产日期确定时,经破产清算法官准许可继续该执行程序。之所以对破产人变卖资产的执行程序可以继续,就是为了使现有的一部分现金流入来支付法院费用用以推进破产清算程序进行。

3. 其他利害关系人

(1) 一般规定。当事人以外的任何利害关系人可自宣告破产裁定在报纸公告之日起30日内向作出该宣告破产裁定的法院提出异议;但被上诉的除外,应当向受理上诉的法院提出异议。

(2) 破产人的继承人。破产人死亡的,其继承人取得其在破产程序中的地位。有多位继承人的可委托其中一位作为代表;对委托事宜不能达成一致的，由破产清算法官根据破产管理人提请，指定其中一位作为代表。破产清算法官在任何时间都有权取消该继承人的代表资格另行指定。破产人有遗产的，在被继承人的债权人从遗产中先行受偿前，破产人的债权人无权受偿。被继承人的债权人对破产财产不享有任何权利。

（3）破产人承担侵权责任的受害人。在宣告破产后破产人被判决因其在提交宣告破产申请前的侵权行为对他人进行赔付的，法院可准许被侵权人以其生效判决赔付金额加入破产清算，但查明被侵权人与破产人串通的除外。

（4）破产人附有抚养、赡养义务的人。经破产人或其抚养人、赡养人申请，破产清算法官在听取破产管理人陈述后可决定从破产财产中列支救济金给破产人。

救济金申请人或破产管理人有权就核定救济金数额向破产清算法官提出异议，异议期间不停止救济金发放。破产清算法官在任何时间可自行决定或者经破产管理人申请，调整救济金数额或取消救济金，对决定的复议可提交至作出该决定的法官本人处。核准和解协议的裁定生效时，救济金停止发放；和解未达成的，债权人一经进入组成联合体状态，救济金即中止发放。

（5）合同一方。宣告破产裁定不导致破产人为一方缔约人的合同解除，除非是因个人原因导致。合同当事人可以普通债权人的身份以因合同解除获赔数额为限参与破产清算，有法律明文规定保留该赔偿优先受偿的除外。

（四）不得以任何形式提起上诉或复议的情形

不得以任何形式提起上诉或复议的情形：

（1）委任或替换破产清算法官、破产管理人或破产监督员的决定或裁定；

（2）对破产清算法官决定不服申请复议后作出的决定；

（3）对破产清算法官就接受或不予接受债权债务作出决定不服，申请复议后而作出的复议期间中止破产程序的裁定；

（4）暂时对有争议债权债务予以接受的裁定。

除法律另有规定外，破产案件的判决、裁定一旦作出具有自行强制执行效力，不适用执行担保。

（五）撤销、驳回及终止终结破产情形

债务人在宣告破产裁定生效前清偿所有到期商业债务的，法院应撤销宣告破产裁定，但债务人须承担所有的诉讼费用。

债务人申请宣告破产被法院驳回的，一旦查明其故意捏造破产情节，法院可对其处以 1 万埃及镑以上 5 万埃及镑以下的罚款。

债权人申请宣告债务人破产被驳回的，一旦查明其蓄意毁损债务人商誉，法院可对其处以前款规定数额的罚款并由其承担在法院指定报纸上公告被驳回裁定的费用，同时不妨碍债务人请求损害赔偿的权利。

因未有充足且必要的资金进行破产管理或应对破产清算工作而中止的，破产清算法官可自行，或者依据破产管理人或债权人联合体秘书的报告作出据此终止破产的决定。破产人、利害关系人或破产管理人自破产清算法官作出破产终止决定之日起 3 个月内确定尚有足够资金应对完成破产清算工作费用的或存入破产清算法官核定的足够款项的，均可请求破产清算法官撤销终止决定。自破产清算法官作出破产终止决定之日起 3 个月届满未有向破产清算法官提出撤销终止决定请求的该破产视为具备法律效力的终结。破产终止决定和驳回撤销终止决定自这两个决定作出之日起 10 日内可提出复议，复议期间不停止执行或导致新《破产法》第 173 条第 2 款所述期间中止中断（具体请参见附录二）。

因未有足够资金支持破产清算工作而终止的终局决定作出后，各债权人仍有权继续采取相应措施及直接发起针对破产人的单独诉讼。

债权人债权在破产清算中已最终确认的，凭破产清算法官出具带有债权金额的证明书可直接执行破产人资产；该证明书视为具有该次执行效力的终审裁判书，并在其注明"债权人接受债务款项的凭据"。

第四节　破产管理人

一、破产管理人的任命

（一）破产管理人的定义

关于破产管理人，新《破产法》第 1 条中给出的定义是法院任命的管理破产清算的法律代表，第 94 条进一步规定为破产案件中法院从破产管理机构专家花名册中任命为管理破产清算的法律代表。可以看出破产管理人的任命机关只能是法院，一开始的范围限定在破产管理机构专家花名册中。之所以说一开始是因为在债权人结成债权人联合体的状态下（新《破产法》第 189 条），过半数出席会议的债权人决定更换破产管理人的，破产清算法官应立即另行任用。债权人一致决定提名非花名册中人员担任债权人联合体秘书的，破产清算法官应对该选择予以准许。债权人联合体秘书是债权人联合体状态下对破产管理人的称呼，其职能是一样的，后面会陆续提到。

（二）破产管理人人数

破产清算法官在任何时间可自行决定或经破产人、监督人申请后决定增加一名或多名管理人，但其总数不超过 3 名。

（三）破产管理人报酬

在破产管理人提交有关其破产管理的报告后，破产清算法官以决定书的形式核定破产管理人的报酬和费用。破产清算法官可决定在破产管理人提交上述报告前向其列支款项，该款项从破产管理人报酬中减扣。任何当事人可就专门针对破产管理人报酬和费用核定价格的破产清算法官决定向法院提出异议。

埃及有关破产的司法实践中，破产管理人一般是按月领取报酬，颇有按时领薪的味道，和我国破产管理人按比例收取律师费相比，积极性自然不高，所以这也是被埃及法律界一直诟病的破产清算程序拖沓的"症结"之一。

（四）不得担任破产管理人的情形

破产人的配偶或亲属在到第四阶段之前，以及在宣告破产前两年为破产人的合伙人、雇员、会计或代理人的，不得任命为破产管理人；同时，曾判决破产人犯有刑事重罪或失信、背信等轻罪的人员也不得任命为破产管理人。

（五）任命解除及人数削减

法院可自行决定或经破产清算法官提请，或破产人、监督员申请后决定解除破产管理人委任、另行任命破产管理人或在破产管理人数增多的情况下予以削减。

二、破产管理人任务

（一）一般规定

破产管理人应接管、维护破产清算中的财产，代表破产人在接管阶段全面起诉应诉、开展破产管理所需的工作。

1. 日常工作记录

破产管理人应在有页面的专门记录簿上以天为单位记录所有与破产管理有关的活动，记录簿结尾处须由破产清算法官签字盖章并签注"完结"字样。

2. 向破产清算法官提交报告

破产管理人应按破产清算法官规定的报告周期限期内向其提交有关破产清算情况的报告。

破产管理人应在被通知任命之日起30天内向破产清算法官提交有关破产原因、状况和条件的报告；破产清算法官可对提交该报告的期限予以延长。

3. 多名破产管理人共同办公

有多个破产管理人的须集体办公，共同负责破产管理。破产清算法官可对多个破产管理人进行分工或指派某位管理人从事委派工作；该种情形下，破产管理人只对本人被委派的工作负责。破产管理人可互相代理被委派工作，除经破产清算法官准许外不得再委托他人；在破产清算法官准许的情形下破产管理人和其代理人对被委派工作共同承担责任。

（二）具体工作内容

1. 制作资产负债表及收取信函

破产人未提交资产负债表的，破产管理人应制作资产负债表并交存于由法院书记员办公室。

破产管理人以破产人名义接受与其业务有关的信函并有权拆阅和保存，破产人有权阅览。除用于备忘外，不得将破产人的债权人中享有法定形式的动产、不动产的抵押权或特殊优先受偿权的债权人名字列入全体债权人中。

2. 登记物权

破产管理人应开展一切必要工作维护、主张、实现破产人与第三方的权益。破产人对其债务人不动产享有的物权未进行登记的，破产管理人应予以登记。

3. 和解或仲裁

破产清算法官在征取监督员看法、听取破产人意见（或直接告知）后可准许破产管理人就涉及破产清算的各争议案件进行和解或仲裁，即便涉及不动产的权利或诉讼。

对争议标的额不明确的，或者标的额超过2万埃及镑的，非经破产清算法官对和解协议或仲裁裁决条款核准，其和解协议或仲裁裁决不生效。同时就该核准可传唤破产人到庭，破产人到庭的，破产清算法官听取其陈述；破产人提出异议的，不影响法官作出核准。破产清算法官作出对和解协议或仲裁裁决条款不予核准决定的，可向法院提出复议。除此规定的途径外，破产管理人不得放弃破产人权益或者承认他人权益。

4. 重整运营

破产清算法官可自行或经破产管理人提请、破产人请求，在公共利益需求时或破产人、债权人利益需要时，委托重整委员会制订包括运行破产人经营场所在内的继续经营计划。

经上述委员会提议并征询破产管理人看法后，破产清算法官可依据重整计划任命管理经营场所的负责人及确定其薪资。破产人可被任命为管理负责人，其所得薪资替代救济金。

破产管理人或债权人联合体秘书负责监督被任命的管理经营场所的负责人，该负责人应每月向破产清算法官提交商业运行的报告。

破产清算法官就包括运行经营场所在内的继续运营的重整计划作出不予准许决定的，破产人、任意一名破产管理人以及任意一名债权人都有权向法院进行复议。

除非在获得人数上和债权份额上皆超过2/3的债权人授权，债权人联合体秘书不得继续重整计划；在征得重整委员会意见和经过破产清算法官核准后，上述人数上和债权份额上皆超过2/3的债权人可对重整计划进行调整。

在执行重整计划中产生让债权人联合体负担义务超过其资产的情形时，该超出部分由同意继续经营的债权人用自有资产承担，除在授权范围内经营产生的由该部分债权人承担连带责任外，每位债权人按各自债务比例予以承担。

5. 制作最终无争议债权清单

（1）债权人申报。全体债权人，按照新《破产法》第166条规定在宣告破产裁定发布后将原始债权凭证并附带对该笔债权的声明、对其担保的声明（如有）、本国货币表示的债权金额等交付破产管理人，破产管理人应出具接收声明及债权凭证的收据。

如果名字记录在资产负债表上的全体债权人在通过日报公布宣告破产裁定后30天内未提交上述附带声明的原始债权凭证的，破产管理人应传唤申报一次。没有提交的情形下，破产管理人应立即再次通过第一次公布裁定的日报公告全体债权人申报。对于使用其他方式的，按照新《破产法》第167条第1款的规定，即破产清算法官有权规定除报纸以外破产管理人可采用的其他公告方式。

名字记录在由破产人核定的资产负债表上的债权人，在该破产清算中对其有判决以及其具有优先权的情形下，破产管理人应在登报公布裁定所规定期限内予以通知，同时该种情形也应通知各政府部门，采用公告方式的视为各方知悉的证据。

除丧失参与破产清算权利的债权人外，各债权人应在报纸第二次公告后30天内提交上述附带声明的债权原始凭证。

（2）破产管理人核实。破产管理人核实债权前应通知破产人到场，破产人到场的在监督员的协助下进行。破产管理人，监督员或破产人对某一笔债权债务的有效性、金额、担保等有争议的，破产管理人应立即将该争议通知债权人，债权人应自收到通知之日起10内给予口头或书面说明。

因各种税费引起的应缴政府债务不适用核实程序。

破产管理人在完成债权清单核实程序后将包括以下文件的债权清单交存于法院书记员办公室：

（1）债权清单材料的声明；

（2）债权清单争议事由（如有）；

（3）接受或不予接受债权清单的意见；

（4）将声称对破产人资产设置特别保证的债权人名单交存，并指明其债权金额、保证类型及所设定抵押的资产。

该交存工作应自第二次报纸公布召集债权人申报债权之日起40天内完成。

破产管理人自破产清算终止之日起一年内负责对单据进行保管；在破产清算完结后交还债权人。

6. 公示债权清单

破产管理人应自交存工作完成之日起6天内在报纸上公布其所获得的声明、清单等。各利害关系人有权查阅交存于法院书记员办公室的声明和清单。

破产人及名字登记在债权清单的每位债权人可在报纸公布所交存声明、清单之日起 10 日内对清单内债权提出异议。该异议可直接提交或者用可获取签收信息的挂号信方式邮寄到法院书记员办公室，法院书记员办公室收到后应立即上报给破产清算法官。该异议期不得延长。

第五节　企业破产

一、申请

（一）破产原因

公司或企业的破产原因与自然人属性商人的破产原因没有什么太大区别，法律本身就要求公司或企业在登记之后设立账簿，这一点前文已经谈过；在另一个符合破产原因上，"公司或企业财务陷入困境而中止支付债务"也没有什么问题。那么唯一独特之处就是公司或企业处于自行清算阶段时可以宣告破产。这里的清算阶段还是指公司或企业依据 1981 年第 159 号《股份公司、股份有限合伙企业和有限责任公司法》进行解散时的自行或自愿清算。新《破产法》为何要有此规定，公司或企业不愿意经营下去了那就让它自己清算好了，该种自行清算大多是没有外债的情形下的"散伙"，为什么还要麻烦法院呢？笔者认为这里主要是为埃及本土的企业或投资者着想。一是埃及本土的公司或企业能力有限，在自行清算时有困难或者外聘专家的费用很高，所以新《破产法》才提供了申请宣告破产这样一条解决路径，尤其是埃及本土破产管理人的报酬相对较低，如只能外聘专家如国际化的律师事务所来从事该业务，相应的退出成本就会很高；二是对于合资合作型公司或企业，虽然说一开始是"热恋般"的合作，但真要"散伙"那很可能出现不再彼此信任的局面，为了保护埃及本土投资者的利益，在不能顺利通过自行或自愿清算时，给其留了一个法律程序的"接口"，即可以通过宣告破产的方式让埃及法院来做主。

(二) 申请资格

申请破产有以下几种情况。

(1) 企业自行申请。企业法人代表只有获得合伙人或股东大会过半数通过宣告破产决议的许可时才有权申请宣告破产。换句话说,作为申请人的企业法人代表必须获得"尚方宝剑"——作为公司或企业最高决策机构的合伙人会议或股东大会的许可。

(2) 企业债权人申请。企业债权人申请宣告企业破产的,即便该债权人是一名合伙人。

(3) 法院自行宣告。新《破产法》在企业破产部分只是提到了法院可自行宣告企业破产(新《破产法》第196条),但并未排除检察院提请,故对于公司和企业破产,法院自行宣告和检察院提请都适用。

非债权人的合伙人不得以个人身份申请宣告企业破产。

(三) 材料提交

对于申请宣告破产材料的提交除按照商人破产的一般规定提交外,申请还应包含当前各普通合伙人以及在企业中止支付后退出企业的合伙人名字,并附带一份对各合伙人的地址、国籍以及在商业登记簿登记退出企业日期的声明。

债权人申请宣告企业破产的应将各普通合伙人列为共同被申请人。

二、受理

法院宣告企业破产时,应同时宣告企业所有普通合伙人破产;对在企业中止支付后退出企业的普通合伙人,宣告企业破产发生在其从商业登记簿登记退出企业之日起一年内的,应包含在宣告企业所有普通合伙人破产中。

法院自行决定或经企业申请,在企业财务状况可能得到支持或国民经济利益需要的情形下,推迟审理宣告破产,但期限不超过3个月。法院可对企业资产采取其认为必要的保全措施。

法院应作出一个裁定宣告企业及其普通合伙人同时破产，即使宣告该企业普通合伙人的破产非其管辖。

破产企业和各破产普通合伙人在其资产、负债、管理、核实债权以及终结方式相互独立，但法院应作出裁定任命破产企业和各破产普通合伙人的破产清算法官及一名或多名破产管理人。

法院可自行或经破产清算法官请示剥夺犯有重大失误造成企业陷入困境中止支付的企业董事会成员或企业管理人员规定在新《破产法》第 111 条的各项权利，这也是检察院具备提起资格的"佐证"。

企业申请宣告破产的，法院有权同时裁定宣告以企业为幌子通过私人账户进行商业活动的个人以及公私不分擅自处分企业资产的个人破产。

一旦查实企业现有资产不足以偿还至少 20% 的债务，经破产清算法官请示，法院有权裁定全体或部分董事会成员、企业管理人员共同或各自承担全部或部分企业债务，除非能够证明其已致力于管理企业事务，尽到了审慎注意义务。

三、宣告破产及和解

（一）宣告破产

1. 企业法人代表的义务

企业被宣告破产后企业法人代表在法律要求的所有事项上代表公司，在破产清算法官或破产管理人征求破产人意见时发表意见，需要其出庭或出席、必须到庭或出席时出庭出席，以及按所要求的提供信息或解释说明。

2. 破产管理人的权利

破产管理人在取得破产清算法官准许后可要求合伙人或股东补缴注册资金中的剩余出资额或股份，即便缴纳期限未到。破产清算法官可将这一要求限定在公司债务清偿所需的范围内。

3. 发行债券或金融工具的公司或企业

企业发行的债券或金融工具不受债权核实程序制约；接受用债券或金融工具清偿的，是指接受减除企业已支付部分的该债券或金融工具票面价值。在以债券清偿时如约定用红利清偿的，应以接受债券票面价值并附加到宣告破产裁定发布之日可获得红利的部分。

（二）公司或企业和解

1. 和解提出

公司或企业被宣告破产后可以进行和解，和解提案须经全体合伙人或股东大会过半数通过。企业法人代表负责将和解提案提交给债权人大会。

发行债券或金融工具的公司和解，其债券或金融工具金额超过总债务金额三分之一的，除债券或金融工具全体所有者大会一致同意和解协议外，不得核准该和解协议，同时将召集全体债权人大会推迟至上述大会作出一致同意后进行。

2. 和解特殊要求

企业破产程序以通过债权人联合体与一位或多位普通合伙人达成和解而终结的，不得在该和解协议中约定使用企业资产清偿或对协议执行提供担保；达成和解协议的普通合伙人免除连带责任。

企业达成和解的，普通合伙人与债权人联合体的破产程序终结，企业存续，除非和解协议主旨是放弃企业一切资产。

企业破产程序及普通合伙人破产程序皆通过和解终结的，各和解相互独立，只对各自债权人发生效力。

3. 和解效果

与债权人联合体终结破产程序后，企业不解散；但如查明债权人联合体清算后企业现有剩余资产不足以支持企业经营朝有效益方向发展的，可以解散。

四、清算及简易程序

(一) 清算

1. 清算延长

组成债权人联合体之日起经过 6 个月未完成清算的,债权人联合体秘书应向破产清算法官提交一份关于目前清算状况以及延迟完成清算原因的报告。破产清算法官将该报告送达各债权人并召集其开会讨论;债权人联合体秘书再次在 6 个月期限内未能完成清算工作的,该召集程序可重复进行。新《破产法》第 206 条的规定使得破产清算程序陷入"遥遥无期"成为可能,因为"可重复进行"这五个字或意味着会有 N 个 6 个月。

2. 清算完成

债权人联合体秘书在完成清算工作后将最终账目交于破产清算法官,由破产清算法官将该账目送达各债权人并召集其开会讨论,同时通知破产人与会,破产人有权出席会议。最终账目一致认可后,债权人联合体解散,破产程序依法终结。

债权人联合体秘书自破产程序终结之日起 1 年内负责对接收的账簿、单据、文件等进行保管。

债权人联合体解散后各债权人恢复对债务人行使实现剩余债权的权利,凭破产清算法官对其债权剩余部分的证明书执行;该证明书视为具有本次执行效力的终审裁判书,并在其作为"债权人接受债务款项的凭据"。

(二) 简易程序

根据新《破产法》第 209 条规定,在破产资产清算后查明其价值不超过 50 万埃及镑的,破产清算法官可自行或经破产管理人、任意一名债权人申请,下令依据以下规定执行破产程序:

(1) 第 165 条第 1 款、第 167 条、第 168 条第 2 款、第 169 条第 2 款、第

170条、第171条第3款等所规定的期限缩短一半，为直观了解列表，如表6-1所示。

表6-1 破产程序期限

新《破产法》条款	普通程序期限	简易程序期限
第165条第1款：破产管理人应在其被通知任命之日起×天内向破产清算法官提交有关破产原因、状况和条件的报告	30	15
第167条：名字记录在资产负债表上的全体债权人在通过日报公布宣告破产裁定后×天内未提交本法第166条所述附带声明的原始债权	30	15
第168条第2款：破产管理人，监督员或破产人对某一笔债权债务的有效性、金额、担保等有争议的，破产管理人应立即将该争议通知债权人，债权人应自收到通知之日起×日内给予口头或书面说明	10	5
第169条第2款：破产管理人债权清单交存工作应自第二次报纸公布召集债权人申报债权之日起×天内完成	40	20
第170条：破产人及名字登记在债权清单的每位债权人可在报纸公布所交存声明、清单之日起×日内对清单内债权提出异议	10	5
第171条第3款：自破产清算法官作出破产终止决定之日起×个月内未有向破产清算法官提出撤销终止决定请求的该破产视为具备法律效力的终结	3	1.5

（2）除法律另有规定或决定越权外，对破产清算法官作出的一切决定不得提出异议。

（3）不任命破产监督员。

（4）债权人组成联合体期间不更换破产管理人。

（5）变卖破产企业资产完成后对各债权人只进行一次分配。

第七章 清算分配

第一节 最终无争议债权清单

一、确定债权清单

新《破产法》第171条规定，本法第170条规定异议期届满后破产清算法官在最多30天内制作最终无争议债权清单，破产管理人应在附带债权材料的声明中备注"确认对债权予以接受"以及每一笔接受债权的金额。而第170条所规定的异议期为"破产人及名字登记在债权清单的每位债权人可在报纸公布所交存声明、清单之日起10日内"。最终无争议债权清单由破产清算法官制作，但实际上所有的活儿都是破产管理人来做的。因为是最终版本的"分配依据"，所以在清单公示后给予一定的提异议期限，当然即使未对债权提交异议，破产清算法官也有权认定其为有争议债权。

在有异议的情形下，破产清算法官应自异议期届满30天内对有争议债权作出裁判，法院书记员办公室应至少在开庭前三天通知各方当事人出庭。那么经破产清算法官审理后还会作出一个裁定，那就是接受或不予接受债权裁定。对该裁定不服的，可以再提起复议。

新《破产法》第172条规定，自破产清算法官作出接受或不予接受债权裁定之日起 10 日内可向法院提起复议，除法院下令中止破产清算程序外，复议期间不停止程序执行。对复议作出决定前法院可裁定临时接受以估价为基准的债权。对法院作出的对债权接受或不予接受的终局裁定不得提起复议。涉及设置保证债务的复议，应裁定以一般债权人身份予以临时接受。不接受最终债权或者不临时接受债权的债权人不得参加破产清算程序。

二、债权人联合体

1. 组建时间

根据新《破产法》第 1 条定义所表述内容，即"在可接受债权清单交存后债权人结成联合体"，关键词为"交存后"这个时间节点；进而第 171 条第 4 款给出更准确定义：债权人可在最终无争议债权清单入卷后依法组成联合体。总之，就是在全体债权人对债权认定事实没有争议后，这个债权人联合体才可能组成。埃及新《破产法》中的债权人联合体大致相当于我国《企业破产法》中的"债权人委员会"。

2. 债权人联合体秘书

（1）定义。新《破产法》第 1 条对其定义为：在可接受债权清单交存后债权人结成联合体状态下由债权人选出的破产清算代表。因为是在最终无争议债权清单确认后选出的为债权人利益工作的代表，所以其主要使命是在分配程序中为各位债权人"达成所愿"。

（2）选任。选任表决流程：首先要明确一点，债权人联合体秘书可以不选，由破产管理人继续履行职责，只是在组建债权人联合体状态下名称改叫作"债权人联合体秘书"。当然，债权人联合体秘书也可以重新选任来替换掉破产管理人，毕竟破产管理人是法院指定的，如果债权人觉得这位破产管理人可能不会在分配中最大化保障自己的利益，那就依据新《破产法》给予的权利去重新选任。

破产清算法官应召集债权人会议组建债权人联合体，商讨破产清算事务，考虑留任、更换破产管理人。对破产人资产享有担保物权的债权人有权参与商讨和表决，参与不导致其担保物权丧失。此处与和解程序中有担保的债权人参与表决规定不同，有担保的债权人未声明放弃全部或部分担保而参加和解表决的，视为放弃全部担保。在事关分配利益上，有担保的债权人参与选任"分配主持人"重大事项上的表决权也是巩固其拥有别除权的一种体现。

过半数出席会议的债权人决定更换破产管理人的，破产清算法官应立即另行任用；债权人一致决定提名非花名册中人员担任债权人联合体秘书的，破产清算法官应对该选择予以准许。新《破产法》该处的规定体现了"债权人利益第一"，突破了在"从破产管理机构专家花名册中任命管理破产清算的法律代表"的规定，只要债权人一致决定另选其足够信任的他人，那么这里同时可以作一个扩大解释，即便该他人是国外的"从事破产管理人职业的个人或公司"，都是可以被法官批准的。

债权人联合体秘书违反职责的，经破产清算法官请示，专属管辖法庭可予以更换。

对破产人或其抚养、赡养人救助金意见：

（1）债权人会议期间应对从破产资产中给付破产人或其抚养、赡养人救助金的决定征询债权人意见；

（2）出席会议债权人过半数同意从破产资产中给付破产人或其抚养、赡养人救助金的，债权人联合体秘书应向破产清算法官提出意见；

（3）债权人联合体秘书对破产清算法官所确定的救助金金额有异议的，可向法院提出异议，异议期间，救助金按所确定金额的一半发放，直至对该异议作出决定。

第二节 实现清偿

一、变卖与拍卖

实现清偿,简单地讲首先要做的就是将破产人现有资产"变现",手里有钱才是根本,没有这个根本只有程序上的"受偿顺序"也是"无根之木,无源之水"。那么如何将破产人现有资产"变现"呢?新《破产法》规定了两种处置方式来实现。

(一) 变卖

新《破产法》第210条规定了总的原则,即"不违反相关法律对不动产、航空器、船舶正式抵押登记的规定,对商业店铺的商业抵押的规定,以及对动产质押、融资抵押、融资租赁、占有抵押和知识产权抵押的规定,破产企业现有资产的变卖依照本章规定执行"。总的原则其实很简单,变卖可以,但是从实体上排除别除权的适用,从程序上要符合登记生效原则。

1. 可提前变卖情形

在清算程序准备阶段,即对破产人资产查封、解封、登报公告和清点阶段不得变卖破产企业资产,但破产清算法官依破产管理人请求可准许变卖易腐烂变质或价值急速减少的货物,或者是需巨额费用维护的物品;如该变卖是为获得现金来维持破产清算管理必要支出的,或该变卖实现后确实能让债权人或破产人受益的,也可予以准许。其他情形,除非将变卖事宜通知破产人并征询其意见,否则不予准许。

(1) 经请求可变卖物品:

①易腐烂变质货物,诸如生鲜食品、有有效期产品等;

②价值急速减少的货物,如受供求关系影响不紧急处理价值会急速下降的大宗物品等;

③需巨额费用维护的物品，如大量的活体动物、特种车辆或高端机械设备等。

（2）支付程序进行的费用为获得现金来维持破产清算管理必要支出的，如法院的费用、破产管理人的报酬等。

（3）确实能让债权人或破产人受益的必须是能让债权人或破产人受益的售卖行为才能获得批准。债权人受益是通过破产人受益体现的，也就是说破产人的钱只能增加不能减少，给债权人分配的"蛋糕"只能变大不能缩小。

破产清算法官会对提前变卖破产人资产作出决定，对该决定不服的，可自法官发布开始执行变卖程序决定之日起10日内向法院提起复议。

2. 存在别除权情形

有抵押权、特殊优先受偿权人和特定财产优先受偿权的债权人，以宣告破产之日起一年时间为限，一年内可以自己"搞定"；超过一年的，则可归债权人联合体秘书处置。

有抵押的债权人应自破产宣告之日起不超过一年的期间按照对不动产或动产抵押合同约定的方式变卖该抵押的动产或不动产以实现其抵押权，但该变卖不得在破产管理人不知情的状态下进行，否则破产管理人或债权人联合体秘书只需通知变卖该抵押动产或不动产的债权人后便可依据本法规定对变卖的动产或不动产采取措施。

依据有抵押的债权人申请变卖有抵押的动产或不动产的，在其价值超过债务时，破产管理人或债权人联合体秘书应提取超出部分归入破产清算中供全体债权人分配。

债权人联合体秘书自破产宣告之日起一年期限届满后，在获得有抵押债权人同意变卖后有权变卖有抵押的动产或不动产。

（二）拍卖

拍卖是新《破产法》增加的内容，笔者认为变卖与拍卖各有利弊，简单理解就是"变卖"的"变现"速度快，但容易因信息不对称导致"暗箱操作"，破产人资产的价值易严重缩水；拍卖属于公开公平的"售卖"，符合资格的竞买人一般都会"价高者得"，破产人资产经过法定评估环节不易造成价值大幅缩水，对债权人也有保障，但有严格的程序操作，也易造成流拍。

获破产清算法官准许或经其决定启动拍卖程序后，按照破产管理人或债权人联合体秘书在专属管辖法庭书记员办公室交存的带有拍卖条款的清单，通过公开拍卖的方式处置破产清算中现有资产。

1. 拍卖清单

（1）清单制作。破产管理人或债权人联合体秘书制定一个公开拍卖的条款清单，并在破产清算法官批准后自该法官作出启动拍卖程序的决定之日起30天内交存专属管辖法庭书记员办公室。清单条款应包括：

①检查拍品并确定有包括规格、说明在内的各种说明书，拍卖不动产的，确定其面积、地点和范围；

②获破产清算法官准许或其作出启动拍卖程序决定的日期；

③进行拍卖的日期、时间和地点；

④竞拍条件、起拍价以及确定加价幅度；

⑤拍品分割拍卖的，不论其是否能拆解，应记录每笔分割部分的起拍价格；

⑥参与拍卖的保证金，不低于起拍价的1%且不超过5%，需为现金或见票即付的支票；

⑦完成拍卖程序场馆的租赁费用，不论是在法院内还是在其他地方；

⑧确定拍卖成交价的佣金比例，贷入破产清算程序，以便由破产管理人或债权人联合体秘书和评估专家计算扣除该比例，但不得超过拍卖成交价的3%；

⑨出价最高的竞买人在获得拍卖货物之前，不论动产或是不动产，应缴纳拍卖的各种司法费用；

⑩对清单或现场展示可能持有异议的受理日期的确定，此日期应至少确定

在开拍前两周。

（2）清单公示。破产管理人或债权人联合体秘书将拍卖条款清单通过任意一家发行量大的日报或破产清算法官确定的其他方式予以公布；在对破产人不动产拍卖的，应一并公布该不动产情况。

利害关系人对拍卖条款清单有异议的应在确定受理异议开庭日期前至少3天报告到专属管辖法庭书记员办公室，否则该异议权丧失；法院对此异议在确定开拍之前作出终局裁定。

2. 资产评估

破产清算法官作出任命一名评估专家的决定，该专家须登记在破产管理机构专家花名册的评估专家组中；在有需要时，破产清算法官还可以再任命一名。由所任命的专家依据以下标准对拍品进行评估：

（1）拍品购买时价值；

（2）发生在拍品上的维护费用；

（3）通货膨胀率对拍品的影响；

（4）评估时的市场价格；

（5）评估时拍品的租赁价格。

3. 进行拍卖

（1）成交方式。破产管理人或债权人联合体秘书，在破产清算法官在场的情形下，负责在规定拍卖日举行拍卖，拍卖以保留价起拍，以破产清算法官认可的竞买的最高出价结束。出价3分钟后无更高出价即视为拍卖成交。

竞买出价低于保留价或者无债权人或竞买人应价的，破产清算法官可顺延60天后再次举行拍卖同时可将保留价缩减 1/10；再次出现流拍的，破产清算法官可再次顺延60天并再次缩减保留价的 1/10，但该顺延和缩减最多两次。在此情形下破产清算法官中止拍卖程序直到其确定其他待售方式，同时该中止决定向全体债权人公布。破产管理人或债权人联合体秘书应公告推迟按新《破产法》第219条规定程序举行拍卖会。

（2）买受人义务。在买受人支付全部价金并向破产清算法官提交此次拍卖税费已缴的单据后，破产清算法官作出将未进行物权登记的动产或不动产交付给买受人的决定。该决定的作出具有涤清附着在动产或不动产上的各种债务或权利的效力。

拍卖竞买人为债权人的，其债权金额在支付价金时予以扣除同时其债权范围随之减扣，法官对该减扣的债权在分配时从接受的债权金额中免除。

被裁定拍卖落锤指向的买受人除非其对裁定提起复议或上诉外，应公示该裁定并由其承担公示费用；该公示具有涤清附着在不动产上的一般优先受偿权、特定财产优先受偿权、已登记的抵押权、占有权等一切他项权。同时对公示的裁定视为从拍卖落锤成交中获得的所有权凭证，仅供转移破产债务人对所拍卖的不动产产权时使用。

除拍卖程序或裁定格式上有缺陷外不得对拍卖落锤裁定提起上诉；符合上诉情形的，按照普通民事诉讼程序在落锤裁定作出之日起 10 日内提起。

4. 不动产拍卖

在不动产已登记的情形下，由债权人联合体秘书将破产清算法官就执行拍卖程序所作出的决定通告给土地登记主管机关或不动产登记主管机关以便在破产债务人不动产产权证书空白处进行免费的备注或者直接在报纸的房地产栏予以公告，此须在上述两处通告之日起一周内完成；同时将上述备注或公告事宜通告给以对该不动产做了权利登记的债权人和实际占有人。根据破产清算法官所作决定而在土地登记机关或不动产登记机关作出的备注相当于移除该所有权的预告登记。

对已登记不动产拍卖的，破产清算法官仅对在拍卖程序中成交并在价金全部支付后作出拍卖落锤裁定。该裁定应包含拍卖条款清单、拍卖日拍卖各环节等内容；同时该裁定书中应包括一个不动产交付令，即在被裁定拍卖落锤指向的买受人提交拍卖程序中各法定税费缴纳凭证后交付该不动产的命令。

破产债务人不动产有可以合同方式或依据本章所规定的拍卖动产和未登记

不动产的条款和程序履行拍卖或放弃专属权后作出裁定方式处置的，债权人联合体秘书应将破产清算法官作出的以该不动产所有人放弃其对该不动产专属所有权的方式进行拍卖的决定通知该不动产所有人，并将该不动产列入拍卖条款清单。债权人联合体秘书负责执行将该不动产让与人产权转移到买受人名下。

不动产为不可分割的共有形式进行拍卖的，按前述方式进行拍卖，但拍卖条款清单中除包括新《破产法》第 218 条规定的各项说明外还应有一份全体共有人及其住址的说明。债权人联合体秘书应将拍卖条款清单通知该不动产的全体共有人，全体共有人可通过对清单提异议的方式查阅拍卖条款及提出其持有的异议。

5. 交付或转移登记

对所拍卖的动产和未登记的不动产进行交付的决定或拍卖落锤裁定不予公告，通知破产管理人或债权人联合体秘书后对该决定或裁定强制执行，同时责成债务人、占有人、担保物权人、查封人等在规定的日期和时间到场履行交付或产权转移程序，此责成到场通知应至少在规定交付或产权转移日前一周送达。如其他破产债务人对该动产或不动产享有他项权，债权人联合体秘书应向破产清算法官申请采取必要的保全措施以保障该权利人权益。

追索之诉和取回之诉，除非主审法院另有裁判，否则不停止对拍卖取得的动产或不动产的执行程序。

6. 待分配价金

破产管理人或债权人联合体秘书自收到破产人资产拍卖价金后最迟于第二个工作日内将该价金存入法院财务或者破产清算法院指定银行；延迟存入的须支付赔偿金，赔偿金金额由破产清算法官决定。破产管理人或债权人联合体秘书应自价金存入后一周内向破产清算法官提交一份上述拍卖价金的说明。除破产清算法官下令外，上述价金或其他人存入破产企业账户的款项不得取出。

二、受偿顺序

（一）宣告破产后债务情形

宣告破产裁定发布后破产人所有的现金债务，不论是普通债务还是一般或特殊优先受偿权的担保债务加速到期。对未约定收益的未到期债务，破产清算法官有权减除一个金额，相当于自宣告破产裁定发布之日到债务到期日之间的收益。

附有解除条款的债权，在提供担保时，可参与破产清算；但对附生效条件的债权，直到该条件生成，才可以给其保留的份额参与破产清算。

（二）受偿顺序

1. 横向资产受偿原则

宣告破产裁定应终止对全体债权人中普通债权的收益；对设置有抵押、一般优先受偿或特定财产优先受偿权的债权，除将有该设置的资产变卖所得款项外，对该债权收益的请求也不予支持。资产变卖取得款项后，首先，将减除债务本金；其次，再减除宣告破产裁定发布前应计收益；最后，减除裁定发布后应计收益。

对于普通债权人而言，宣告破产裁定作出后不再对其债权计算任何收益，就是等待公平受偿；对有别除权的债权人必须先"解决掉"设置有抵押、一般优先受偿或特定财产优先受偿权的债权，比如对破产人不动产设置抵押权的银行，必须先行经评估后拍卖，受偿后不足部分才能参与分配。依次减除的计算公式为：所得价金-债务本金-宣告破产裁定发布前应计收益-裁定发布后应计收益（只有有抵押权、一般优先受偿或特定财产优先受偿权的债权人享有）。

2. 纵向"受偿人"顺序

税费、破产费用、共益债务、决定给破产人及其抚养、赡养人的救济金等从破产人资产拍卖价金中先行减除，其次清偿有优先受偿权的债权人，剩余部分在债权人中根据其债权份额按比例进行分配。对有争议债权以及临时接受的债权，作出裁判前应予以提存。

除了上述的一般原则，新《破产法》有关先行受偿费用还同时分布于下列法条中：

第 92 条规定在宣告破产时，破产企业无现金支付法院宣告破产、公告裁定费用以及对破产人资产查封、解封费用的，该部分支出应从宣告破产申请人存入的保证金中支取；该支出款项从破产企业首次现金流入后优先于所有债权人受偿。

第 138 条规定破产管理人在获得破产清算法官准许后应在宣告破产裁定作出次日起 10 日内以其掌管的破产钱款对裁定前破产人员工 30 天的工资、薪金、应付款项等优先于其他债权先行支付；如破产管理人没有该笔必要钱款先行支付的，则使用破产清算中进账的第一笔钱款，即使有其他在先优先受偿债权。

第 144 条规定涉及《劳动合同》因雇主破产终止时，员工赔偿的给付具备法定的优先受偿权。

第 175 条第 3 款规定任何情形下都应优先支付破产清算程序中业已产生的费用。

从各法条的措辞上，笔者列表来归纳出各"受偿人"的受偿顺序，按序号顺序依次递减（如表 7-1 所示），最后剩下的才由全体普通债权人按债权比例公平受偿。

表 7-1 "受偿人"分配情况

序号（优先级）	费用	"受偿人"	法条依据
1	法院宣告破产、公告裁定费用；对破产人资产查封、解封费用	法院	新《破产法》第 92 条
2	宣告破产裁定前破产人员工 30 天的工资、薪金、应付款项等	破产人员工	新《破产法》第 138 条

续表

序号（优先级）	费用	"受偿人"	法条依据
3	税费（宣告破产裁定发布前两年的破产人滞缴税款）	国家	新《破产法》第235条
4	破产费用	破产管理人等	新《破产法》第235条
5	共益债务	破产清算程序中业已产生的费用指向"受偿人"	新《破产法》175条第3款以及新《破产法》第235条
6	破产人及其抚养、赡养人的救济金	破产人及其抚养、赡养人	新《破产法》第235条
7	①《劳动合同》因雇主破产终止时，员工赔偿的给付具备法定的优先受偿权。其他认定为具有优先受偿权的债权 ②发生在宣告破产后的因破产人侵权行为造成的侵权赔付	①员工 ②受害人	①新《破产法》第144条 ②新《破产法》第118条

虽然新《破产法》并未直接规定以上先行受偿部分某一级别就产生"余额不足"情形时的解决办法，但笔者认为其应适用对普通债权人所规定的"债权份额按比例进行分配"这样的方式进行。

（三）关联债务

同一笔债务中有多位债务负担者，其中有一位被宣告破产的，除法律另有规定外，该破产不对其他债务负担者产生影响。该被宣告破产的债务负担者一旦完成和解，其和解协议不对其他债务负担者产生约束力。

如债权人从同一笔债务的多位债务负担者中某一位处部分受偿后，余下债务负担者或其他个别债务负担者宣告破产的，该债权人仅以其余下债权为限参与破产清算，同时其保留向未破产债务负担者主张余下债权的权利。该未破产债务负担者有权参与其已清偿债务的各破产清算。同一债务的所有债务负担者同时宣告破产的，债权人有权以其全部债权参与各破产清算直到完全解决，包括其本金、收益和费用。同时，各破产清算之间不得就已履行款项相互追索，比如某一债权人参与了债务人 A、B、C 的三个破产清算程序，那么这三个程序各自解决各自申报的债权，不得就已履行款项相互追索。

债权人所受偿总额超过其债权及附带权益数额的，超出部分依据各破产清算负担债务的顺序返还给有他人担保的破产清算；无负担债务顺序的，返还给付款超过其债务份额的破产清算。

二、取回权

在破产清算程序中不管按什么样的顺序受偿，前提都必须是破产人的资产，其所有权或法定受益权属于破产人，如果资产不属于破产人，虽然表面为破产人使用或存放于破产人处，也不能清偿或分配。因为一旦发生拿"人家"的东西替债务人还账，这就直接侵犯了所有权人或物权人的利益，毕竟清算分配是一种"债权"行为，不能违反了民商法一般认为的"物权优于债权"的原则。

（一）所有权人取回

1. 法定取回权

新《破产法》第 145 条规定，宣告破产时任何人都可从破产清算中取回其拥有所有权的或享有对货物取回权的货物。这一规定不仅保障了所有权人的利益，也保障了拥有对物取回权人的利益。这里的对物取回权可以理解成一种物权也可以是基于委托或债权而产生的一种对物取回的请求权，前者如所有权人的继承人，后者如所有权人的委托代理人或背书收货凭证的持有人等。

提出货物取回要求时，新《破产法》145 条第 2 款规定：破产管理人，在征询监督员意见并取得破产清算法官准许后，可将货物返还其所有人或享有货物取回权人。也就说破产管理人在面对要求货物取回时具有实质的"决定权"，如果破产管理人认为货物被取回会对自己执行破产清算程序"不利"，那就会拒绝。这时候权利人没有别的办法，按照新《破产法》规定，对要求取回被拒的，权利人只有提起诉讼一种救济途径。那就意味着，对破产人资产清点可能会拖延，结果造成债权清单制作也可能会拖延，最终导致破产清算程序拖延下去。

2. 可取回情形

可取回包括以下几种情形：

（1）破产清算中以存放、寄售、交寄等方式为破产人现时占有的实物货物可取回；

（2）破产人和货物买受方之间尚未以现金、商业票据或通过经常账户转账方式成交的货物，也可取回该货物价款；

（3）破产人业已将货物存放于他处的，权利人可从该处取回，权利人取回的，须将破产人应得权益支付或交付给破产管理人。这里的权益支付或交付，主要是指如租金、物流费用等支付给破产人，如涉及存放时必要的属于破产人的专用设备装备等交还给破产人。

3. 不得取回情形

如破产人用该货物抵押贷款且在设置抵押时抵押权人不知道其非所有权人的，则在该设置抵押的债务清偿前不得取回。这里主要是基于"善意取得"原则保护善意第三人。

（三）票据取回

交付破产人的具备支取或指定结算功能的商业票据及其他有价值票据，其实物存在于破产清算中且尚未完全实现其价值的可被取回；存放于破产人处的现钞，除非权利人能证明归属，否则不得取回。

（四）买卖合同解除取回

买卖合同在宣告买方破产裁定发布之前经法院裁判解除或因满足合同解除条款而解除的，且交易货物实物存在的，卖方有权全部或部分取回。

宣告破产裁定发布后合同解除要求取回的，须通过取回之诉或裁定发布之前已提起合同解除之诉。

（五）在途货物取回

买方在付款之前破产且交易货物尚在卖方处，卖方有权不予交付。

交易货物发运后买方破产的，在货物进入买方仓库或销售代理仓库前，卖方有权取回占有货物；货物因自身属性灭失或破产人在收到货物前凭权属文件或运单已将该货物真实地作出处分的，不得取回。

任何情形下，在取得破产清算法官准许后破产管理人都可以要求交付货物，但应按约定付款给卖方；破产人未要求交付的，卖方可行使其权利解除合同并要求赔偿损失，并以该损失为限参与破产清算。

买方在交易货物进入仓库或销售代理的仓库后但价款未支付前宣告破产的，卖方不得请求解除买卖合同或取回该货物，同时卖方也不得享有优先受偿权；任何有关可能赋予卖方取回货物或者保留优先受偿权的条款不得作为抗辩针对全体债权人。可以说，这是债权人的"最惨"情况了。

（六）取回权除斥期间

对破产管理人就上述取回权各情形（新《破产法》第145~149条情形）提起取回之诉的除斥期间是自宣告破产裁定公布之日起一年。

三、清偿及分配

清偿作为一个大的概念应该包括清算破产人资产后的分配，虽然走到分配地步时能得到的很少，但毕竟这也是一种清偿债务的法定最终救济方式。本节的清偿多指除对普通债权人最终受偿的情形，而分配针对债权业已确定的债权人。

（一）清偿

1. 随时清偿

破产管理人在获得破产清算法官准许后任何时间都可以清偿有质押的债务

并收回质押物归全体债权人所有。

2. 专项清偿

（1）员工工资。破产管理人在获得破产清算法官准许后应在宣告破产裁定作出次日起 10 日内以其掌管的破产钱款对裁定前破产人员工 30 天的工资、薪金、应付款项等优先于其他债权先行支付；如破产管理人没有该笔必要钱款先行支付的，则使用破产清算中进账的第一笔钱款，即使有其他在先优先受偿债权。上述款项支付后有余额时应依照法定优先受偿顺序清偿。

雇主破产且同时与员工签有无固定期限劳动合同的，员工和破产管理人可依照有关劳动法律的规定终止该合同。除以胁迫方式或未遵守通知日期合同终止外，员工不得在雇主的破产清算中主张赔偿。

对有固定期限的劳动合同除决定不再继续经营外不得终止，有固定期限劳动合同员工可在雇主的破产清算中主张赔偿。

（2）租金。①未付租金——行使留置权。租赁不动产开展商业经营的破产人终止租赁的，不动产出租人依据本法第 143 条规定享有留置权以保证宣告破产裁定发布前一年及当年的应付租金；如租赁不动产内现有动产被变卖或者被转移的，出租人可行使留置权留置该动产。

破产人为不动产承租人使用不动产从事商业经营的，宣告破产裁定的发布不导致租赁合同终止或者合同剩余租期到期，任何与其相反的合同条款视为无效。

在宣告破产裁定发布时出租人已经开始执行不动产内现有动产但该执行程序尚未完全结束的，该执行程序应自发布宣告破产裁定之日起中止执行 90 天，但不妨碍出租人依据一般法律规定采取保全措施，以及要求腾空该不动产的权利；在破产清算法官认为必要时可下令继续中止执行 30 天一次，破产管理人应在中止执行期间将希望终止或继续履行该租赁合同的想法告知不动产出租人。

②继续经营——租金担保。破产管理人决定继续履行租赁合同的，应向出

租人支付拖欠的租金并提供支付后期租金的充分担保；如未有充分担保的，出租人应自破产管理人将继续履行该租赁合同想法告知本人之日起15日内请求破产清算法官终止该租赁合同。

破产管理人在获得破产清算法官准许和出租人同意后，根据调整不动产业主和承租人之间关系的有关规定，对不动产进行转租或退租。

（3）政府的各税种税款。除宣告破产裁定发布前两年的破产人滞缴税款外，不纳入优先受偿范围；其余各税款以普通债权性质进入分配。

（4）动产清偿。破产清算法官可根据破产人的建议在需要时下令使用进入破产清算中的第一笔款项向对破产人动产享有留置权的债权人履行偿付义务，前提是该部分债权人名字已经登记在最终无争议债权清单中；如对该留置权有争议，只有在对其作出终局裁判后才可履行。

（5）合同之债。如破产管理人不执行或不继续执行所签合同，合同另一方有权要求解除。破产管理人采取的每一个有关该合同的决定应提交到破产清算法官处获得准许。合同另一方可指定给破产管理人一个合理期限去说明其对合同的立场。

合同当事人可以普通债权人的身份以因合同解除获赔数额为限参与破产清算，有法律明文规定保留该赔偿优先受偿的除外。

（二）分配

破产清算法官可在破产清算的任何阶段决定向债权业已确定的债权人进行分配以及指定分配的金额。分配按照破产管理人或债权人联合体秘书准备的并经破产清算法官批准的清单进行；必要时，破产清算法官有权下令在日报上公布分配决定。

破产人或利害关系人可自分配清单交存书记员办公室之日起10日内就破产清算法官作出的专门针对向债权人进行分配的决定向专属管辖法庭提出异议。

债权人联合体秘书对已清偿债务的金额予以备注，任何情况下都应对分配清单上的债权人予以清偿。

以动产或不动产价金进行分配的，享有抵押权的债权人、一般优先受偿权人、享有特定财产优先受偿权人不能从设置了保证该动产或不动产价金中全部或部分受偿时，应与普通债权人一起参与对涉及普通债权的资金分配，其中按本法规定已实现债权的除外。在最终结算时查明其中有债权人超额受偿的，超出部分应返还给全体债权人。

第三节　破产清算中和解

一、申请原因

破产清算中和解即"宣告破产后和解"，与破产拯救和解不同，此时的破产人是带着各种限制的试图通过和解的方式加速去除身上"枷锁"，因此总的来说还是债务人"求"债权人的过程。经利害关系人请求，破产清算法官都可以主持调解以达成双方签订和解协议。这里的利害关系人主要指破产人以及其继承人，申请人为继承人的也主要是通过和解的方式还逝去的被继承人一个"清白"。为此目的，破产清算法官可令书记员邀请接受最终债权或临时接受债权的债权人出庭，就和解请求进行商讨。

二、和解过程

破产管理人或债权人联合体秘书须向全体债权人提交一份解决方案，主要包含破产清算状况以及就此所采取的措施，以及破产人的和解建议和破产管理人就该建议的看法。

除非经全体债权人一致同意，否则不得达成和解；对破产人资产享有担保物权的债权人不得以其享有的设置担保物权的债权份额参与和解表决，除非其预先放弃该担保物权。与破产拯救和解不同，达成该和解协议的条件是满足"两个多数"，即接受最终债权或临时接受债权的过半数债权人且满足占债权总值三分之二条件的，在此情形下通过后方可签订和解协议。而对于有担保的债权人未声明放弃全部或部分担保而参加和解表决的，视为其放弃全部担保。由此可见宣告破产后的和解需要获得普通债权人的"芳心"更加困难一些，有担保的债权人一旦放弃部分担保在和解中"作弊"，则很难使和解达成一致。

全体债权人完成和解表决后，须当庭在和解笔录上签字并由破产清算法官对其进行核准，之后通过任意一家日报予以公布。

三、和解协议达成

和解协议可以约定债务人放弃全部或部分资产用以变卖，所得价款在债权人中分配。该和解协议应遵守有关司法和解的规定，禁止债务人对所放弃资产进行处分和管理。

对债务人放弃资产变卖和价款分配，依照债权人联合体变卖和分配破产人资产的既定原则执行。变卖债务人放弃资产所得价款超出债务清偿金额的，超出部分归还债务人。

对和解协议作出核准裁定后消除所有破产影响。破产管理人将最终账目提交给破产人并在破产清算法官在场时进行对账。破产管理人任务完成，破产人接收其资产、账簿、票据并出具收据；自最终账目批准之日起 1 年内破产人未接收上述资产、账簿、票据的，破产管理人不再对此责任。破产清算法官对以上所有事项记入笔录。

和解协议经核准后对破产人涉嫌以欺诈方式破产展开侦查的，或对其提起刑事诉讼的，作出宣告破产裁定的法院经检察院提请或利害关系人申请后决定对债务人资产采取其认为必要的保全措施。侦查终结不再移送的，决定不提起刑事诉讼的，或判决破产人无罪的，应依法解除该措施。

三、不予申请和解情形

判有以欺诈方式破产犯罪的破产人不得签订和解协议，对破产人涉嫌以欺诈方式破产犯罪展开侦查的，应推迟考虑和解。因为此时的和解请求对破产人的诚心考察很严格，更何况有涉嫌犯罪的情况出现呢。一旦对破产人展开刑事侦查，那基本可以断定获得和解的机会十分渺茫了。

四、协议无效及撤销情形

（一）无效情形

和解协议经核准后破产人被判有以某种欺诈方式破产犯罪的，该和解协议无效。

和解协议经核准后破产人存在隐匿资产或夸大债务等欺诈行为的，该和解协议无效，但须在发现欺诈行为之日起6个月内请求宣布其无效，否则该请求不再受理。

任何情形下，自和解协议经核准后经过2年，对宣布和解协议无效的请求不再受理。

和解协议无效后担保该协议条款执行的保证人恢复未予担保状态。

由作出宣告破产裁定的法院对宣布和解协议无效之诉专属管辖。

（二）撤销情形

破产人不执行和解协议的，债权人可向作出宣告破产裁定的法院申请撤销该和解协议。

和解协议撤销不导致担保和解协议执行的保证人恢复未担保状态，应传唤该保证人在审理请求撤销和解协议之诉时到庭。

（三）协议无效及撤销效力

在和解协议核准后，被宣布无效、撤销前，债务人实际发生的费用贷入债权人权益，除依据《民法典》第 237 条规定外，债权人不得请求该笔费用对其不予执行。

埃及现行《民法典》

> 第 237 条
>
> 债务人以减少债权人权益或加重债权人负担的方式处分其资产造成债权人利益受损且该处置导致其中止支付或债务加重的，则有到期债权的债权人在满足下一条规定情形时，可主张该处置行为无效。
>
> 第 238 条
>
> 债务人以欺诈方式进行的有偿处置行为且在该处分行为发生时受益人明知的，该处分行为无效。债务人明知自己无支付能力仍进行处分行为的构成欺诈；受益人知道债务人无支付能力的，视为已明知。
>
> 债务人进行无偿处分行为的，即使受让人诚信交易且有证据证明债务人未实施欺诈，该处分行为仍然无效。
>
> 债权人不得主张受让人将受让财产再次有偿转让第三人的行为无效；但在债务人进行有偿处分行为时，该第三人和受让人均明知债务人实施欺诈的，或该第三人知道债务人实施让受让人受益的处分行为时无支付能力的以及债务人为无偿处分的除外。

和解协议被宣布无效、撤销之日起经过 2 年，前款规定的请求债务人发生费用不予执行之诉不再受理。

和解协议被宣布无效、撤销后，只对破产人产生向债权人清偿所有债务的义务。未从和解协议中受偿任何约定金额的债权人，可以其全部原始债权加入全体债权人行列；已部分受偿的，应当从原始债权中减除。

第四节　破产终结

新《破产法》将破产终结的情形由原1999年第17号《商法》第五章规定的2个扩展到5个。1999年第17号《商法》第660条只规定了两种终结情形，即要么清偿破产清算中的所有债务，要么将债务款项存入法院或管理人账户；而新《破产法》第177条规定了5种情形，而且对清偿所有债务规定了更加严格的除外情形，将清偿所有债务规定得"彻彻底底，不留尾巴"。

破产清算法官在下列情形下可作出终结破产的决定：

(1) 债务已清偿且未有出现以下情形的：破产清算中尚有可接受债务的，尚有债务类型为刑事罚金、各税种的税费及社会保险的，尚有未受偿债权人的或债务集中到某位债权人一人名下的；

(2) 破产清算中的可接受债务全部清偿的；

(3) 与破产债务人达成和解的；

(4) 破产人无可执行资产的；

(5) 已清算破产人所有资产并核准最终账目的。

破产清算法官在作出终结破产清算决定前须审阅破产管理人或债权人联合体秘书的报告，该报告须明确指出具备上述的任意一种情形。

破产清算法官终结破产清算的决定一经作出即刻生效，破产人权利恢复原状。

第八章 限制解除及罚则

第一节 限制解除

"限制解除"的阿语原文是"رد الاعتبار",其对应的英文为"Rehabilitation",如果直译的话就是"康复,恢复"的意思,但根据整部法律的立法意图,是先施加"限制",后给予解除,通俗地理解就是债务人或破产人得了"一场大病",治好了就"康复"过来了,或者人死了名誉就"恢复"了,所以笔者对破产人的"康复"意译为"限制解除",对死亡的还是理解为"名誉恢复"。

一、对限制解除的规定

(一) 一般规定

除以欺诈方式破产情形外,破产人根据新《破产法》第 111 条而被剥夺的一切权利自破产清算终结之日起经过三年依法恢复。

破产人在两年期间内清偿所有债务本金、各种费用及收益的,即便未达到经过三年期间届满也应裁定限制解除。

新《破产法》并未规定何时起算这个"两年期间",但根据新《破产法》第 177 条规定的 5 种破产终结情形看,除了"破产人无可执行资产"以外,凡是"有钱"的都可以计算这个"两年期间"。这其实就是鼓励破产人赶紧还钱,比如破产人在 2 年内完成清偿,那么就算是满足"两年期间"这个"优惠条件",不需要再多等一年了。

(二) 特别规定

满足以下两个条件的,即便未达到上述经过三年期间届满也应裁定对破产人的限制解除:

(1) 破产人和其债权人达成和解并执行了和解协议的(对被宣告破产企业的普通合伙人一旦达成个别和解并执行了该和解协议的同样适用);

(2) 破产人有证据证明债权人已免除其一切债务或债权人一致同意其限制解除的。这条可以视为"强制解除",债务被解除了,没有债务了,当然也就限制解除了。

破产人为被宣告破产企业的普通合伙人的,除非其在两年期间内清偿破产企业所有债务本金、各种费用及收益,否则不得通过免除债务的方式强行解除限制。这就"逼迫"普通合伙人不得不作出两个选择:要么以自己的名义达成个别和解并执行完毕,要么用把破产企业的所有债务本金、各种费用及收益全部还清。

当然,在债权人拒收、缺席或者住址不详时,可将还款提存至法院财务。法院出具提存证明,视为限制解除的清偿凭证。

(三) 不得解除情形

对判决有任意一名过失破产犯罪的破产人,除所判刑罚执行完毕、宣布赦免或刑期届满的,不得对其限制解除。

对判决有任意一名欺诈破产犯罪的破产人,除非自所判刑罚执行完毕或宣布赦免之日起经过 6 年,否则不得对其限制解除。

任何情形下,除非破产人在两年期间清偿一切所负债务本金、各种费用及收益,或者与债权人就此达成和解,否则不得对其限制解除。

破产人死亡的,经其继承人申请依据上文条款规定对其恢复名誉。

二、申请流程

（一）申请及公告

限制解除的申请向破产专属管辖法庭书记员办公室提交并附带相应支撑材料。

申请摘要应公告于出版发行在专属管辖法庭区域内的一家日报上，费用由该债务人承担。申请摘要须包括以下内容：

（1）债务人姓名；

（2）宣告破产裁定发布日期；

（3）破产清算终结方式；

（4）提醒债权人（如有必要）提交异议。

（二）检察院对限制解除的职责

法院书记员办公室在收到申请后立即将副本送交检察院。

检察院应自收到限制解除申请副本之日起 30 天内将一份就该事项作出的包括破产类型，就对破产人已决、审理中、侦查中的破产犯罪说明在内的报告交存于法院书记员办公室。

在对限制解除作出裁定前，因破产人涉嫌破产犯罪而进入侦查阶段的，或对其提起破产犯罪刑事诉讼的，检察院应立即通知法院。法院中止审理对限制解除的申请直至侦查终结或对刑事诉讼作出终审判决。

（三）对限制解除申请的异议

未得到清偿的债权人都有权自限制解除申请在登报公告之日起 15 日内提交对该申请的异议。异议须以书面报告的形式提交到法院书记员办公室，并附有关支撑材料。

自限制解除申请在登报公告之日起 15 日期限届满后，法院书记员办公室应通知对限制解除提异议的债权人开庭日期以审理该申请。

法院对限制解除申请的审理一审终局；裁定驳回申请的，自裁定作出之日起一年内不得重新提起申请。

债务人限制解除裁定作出后，对其作出破产犯罪的刑事判决的，则该限制解除应认定为无效。除新《破产法》第243条规定条件外，债务人不再获得限制解除。

第二节 罚　则

一、犯罪主体为商人

（一）破产拯救和解犯罪

（1）具有以下情节的，对债务人处以6个月以下拘役或单处、并处5万埃及镑以上50万埃及镑以下罚金：①恶意隐匿全部或部分资产，或为获得和解高估资产价值的；②恶意给参与和解商谈和表决的债权人抛下或使其承担虚假的、非法的或过分夸大的债务；③恶意忽视债权清单上的债权人的。

（2）债权人被禁止参与和解情况下恶意参与和解商讨、对和解进行表决的，过分夸大债权的，或以其和解表决为条件诱使债务人或第三人给予其特殊好处的，依照第（1）项规定予以处罚。

（3）和解管理人恶意提供或宣称债务人状况的虚假数据信息的，依照第（1）项规定处罚。

（二）欺诈性破产犯罪

商人在下列情形下中止支付债务为欺诈性破产犯罪：

（1）隐匿、销毁、调换账簿的；

（2）挪用、私藏部分财产造成债权人损失的；

（3）以欺诈方式自认或自揽虚假债务的，不论该行为以何种方式，包括自书记录、资产负债表及其他纸质文件，口头承认以及明知拒绝提交文件或说明的后果仍不予提交等。

欺诈性破产犯罪的，以及参与该罪的从犯，处以3至5年有期徒刑并处5万埃及镑以上50万以下埃及镑罚金。

(三) 过失破产犯罪

过失指一般因商人不够谨慎或疏忽大意而导致债权人损失，具有下列情节之一的认定为过失破产犯罪：

(1) 被认为个人花销或家庭支出过高的；

(2) 以欺诈方式和解的；

(3) 在赌博、单纯购买彩票以及任何虚构业务上花费巨大的；

(4) 高买低卖商品以拖延宣告破产的，或以制造借款、发行债券或其他方式导致借入资金发生重大损失拖延宣告破产的；

(5) 未遵守法定义务编制账簿的，未按法律规定清点核对账目的，账目不全或账目混乱导致无法得知财务状况的；

(6) 未按照本法规定限期内对中止支付进行通告的，未按照本法规定提交财务状况表或被证实提交的数据不真实的；

(7) 没有合法理由而缺席破产清算法官庭审的，或未按破产清算法官要求提交各种数据或提交虚假数据的；

(8) 在中止支付后故意向某一债权人清偿或设定优先权损害其他债权人权益的，为让对方接受和解而给予特别好处的；

(9) 在被宣告破产前已对之前和解进行承诺的。

过失破产犯罪的，处以5万埃及镑以上10万埃及镑以下罚金。

除法律另有规定外，对欺诈或过失破产犯罪提起的刑事诉讼不导致对破产清算程序的规定发生任何变更。

至此我们可以对前言部分最后的问题总结一个回答：新《破产法》不再"严酷"地对待投资者，只要没有欺诈性破产犯罪，投资者不会再有限制人身自由的刑事处罚，最多也就是"破破财"。

二、犯罪主体为董事会成员或管理人员

(一) 按欺诈性破产犯罪论处情形

股份公司破产的，其董事会成员或管理人员一经查实触犯新《破产法》第 252 规定情节，即欺诈性破产犯罪情节的，按欺诈性破产犯罪论处；或通过弄虚作假、欺诈方式导致公司破产的，尤其表现在通过发布虚假认缴、实缴资本信息，不切实际的利润分配以及弄虚作假超获批公司设立协议范围经营为自己谋取利润等方式导致公司中止支付的，同样适用。

(二) 按过失破产犯罪论处情形

股份公司破产的，其董事会成员或管理人员具有下列情节的按过失破产犯罪论处：

(1) 查实具有新《破产法》254 条第 3 款至第 7 款情节之一的，即：在赌博、单纯购买彩票以及任何虚构业务上花费巨大的；高买低卖商品以拖延宣告破产的，或以制造借款、发行债券或其他方式导致借入资金发生重大损失拖延宣告破产的；未遵守法定义务编制账簿的，未按法律规定清点核对账目的，账目不全或账目混乱导致无法得知财务状况的；未按照本法规定限期内对中止支付进行通告的，未按照本法规定提交财务状况表或被证实提交的数据不真实的；没有合法理由而缺席破产清算法官庭审的，或未按破产清算法官要求提交各种数据或提交虚假数据的；

(2) 不按法定方式公布公司所达成协议，弄虚作假的；

(3) 参与与公司基本章程规定有别业务的。

三、其他涉案人员或其他情形

除法定共犯情形外，对犯有以下情节的人员处以拘役或单处、并处 5 万埃

及镑以上 50 万埃及镑以下罚金：

（1）破产人的配偶、直系亲属或姻亲、分支机构人员等盗窃、隐匿、藏匿全部或部分破产人资产的，不论是动产还是不动产；

（2）本身非债权人通过弄虚作假方式参与和解谈判或者在破产清算过程中提供虚假债权凭证的，不论是以本人名义还是以他人名义；

（3）债权人通过弄虚作假方式增加债权或与破产人、第三人约定给自己特别好处以换取和解商谈、破产清算中的表决，或承诺给破产人、第三人特别好处、订立使其特别受益的合同对其他债权人造成损害的；

（4）破产管理人履职期间挪用资产的。

对以上情形作出判决的，不妨碍法官同时就全体债权人取回之诉和索赔之诉作出裁判，即便对以上情形作出无罪判决。

四、补充规定

对破产人提起刑事诉讼的情形下，检察院或法院要求破产管理人提交涉及破产清算的所有文件、材料、信息、说明的，破产管理人应提交给检察院或法院。

案件侦查或审理期间上述文件材料由检察院或法院留存，在侦查终结或审理完毕后，根据不同情况，交回破产管理人、债务人、债务人的继承人等。

债务人或第三人与某一债权人达成协议，以获取该债权人表决通过和解为条件给予其特殊好处犯罪的，刑事法院可自行判决该协议无效并责令债权人返还依据协议的所得，即使判决其无罪，债权人也应返还。必要时法院也可就当事人请求赔偿之诉作出判决。

附录

附录一 2018 年第 11 号法律
——《重整、破产拯救和解及破产法》

由共和国总统以人民的名义颁布

人民议会已通过下述法律，予以颁布：

第一条

所附关于重整、和解及破产法律生效。本法适用于依据 1999 年第 17 号《商法》第 10 条所定义的"商人"，不包括隐名合伙及国有企事业单位。

第二条

本法生效后三个月内由司法部长发布其实施条例和规章。

第三条

本法无特别规定的，则适用《民商事诉讼法》《民商事证据法》有关规定。

第四条

各法院应自行将可能存在的破产清算程序以及该程序中的争议、上诉案件，各类由破产引起的诉讼交由不同经济法院审理，不得另行收费。但已审结、延期作出判决或裁定的争议案件除外。

本法生效前尚未完结的破产程序由本法规定的程序调整。

第五条

废除 1999 年第 17 号《商法》第五章，同时废除与本法相抵触的各种规定。

第六条

由官方公报发布本法，自公布之日起 30 天后生效。

本法加盖国印，作为国家法律施行。

总统府于回历一四三九年六月三日（公元 2018 年 2 月 19 日）公布

阿卜杜勒·法塔赫·塞西

附录二　重整、破产拯救和解及破产法

第一章　总则

第一节　定义及司法权限

第 1 条

为贯彻实施本法，特定义下列贯穿全文的术语和表达：

破产管理机构：依据本法在各经济法院内部设立，受理重组、破产拯救和解、宣告破产的申请及主持调解程序。

破产立案法官：破产管理机构专职立案审查的法官。

专属管辖法庭：专门审理受本法调整争议诉讼案件的经济法院初审巡回法庭。

保全措施：由法院或法官依据本法规定作出的，旨在保存、管理债务人资产或禁止破产人潜逃、隐匿其财产的必要措施。

调解：一种友好解决商业纠纷的方式，由破立案法官主持拉近因合同或非合同关系产生争议各方的观点或提出适宜的解决方法。

破产拯救和解：在债务人达到宣告破产底线前的一种拯救请求。

和解管理人：负责并跟进破产拯救和解申请人和债权人之间的和解程序。

和解程序法官：被委任主审破产拯救和解程序的法官。

观察员：被委任监督破产拯救和解协议履行的人员。

破产管理人：法院任命的管理破产清算的法律代表。

监督员：选任监督破产清算工作的人员。

破产清算法官：被委任负责破产清算程序的法官。

债权人联合体秘书：在可接受债权清单交存后债权人结成联合体状态下由债权人选出的破产清算代表。

专家：登记在破产管理机构专家花名册中的个人、事务所、公司等。

重整：帮助商人摆脱财务困境、恢复营业能力的程序。

重整委员会：由本法第13条规定的登记在花名册中的专家组成的一个委员会，以编制重整计划。

辅助人员：依据本法规定，负责辅助商人改善财务、经营状况以及跟进重整计划执行情况的人员。

第2条

适用本法案件的受理，由债务人的商业住所地或公司主要营业地的经济法院初审巡回法庭管辖；主要营业地在埃及境外的，由其国内办事处所在地经济法院管辖。

商人没有商业住所地的，由其经常居住地专属管辖法庭管辖，该经常居住地为商业登记簿中商人选择的最终固定住所。不违反埃及境内生效的国际协定，在埃及境内设有分支机构的商人，尚未在国外宣告破产的，可以通过其分支机构所在地专属管辖法庭宣告在埃及破产。

第3条

作为2008年第120号《经济法院法》第8条规定的例外，各经济法院设立名为"破产管理机构"的一个部门，由最低级别为上诉法院的法官担任负责人，组成人员包括足够数量的最低级别为基层法院的院（庭）长（命名为"破产立案法官"）；该机构人员从每一个审判年度开始的全体法官大会中选出，并为其配备足够数量的破产管理专家、行政人员和书记员。

第 4 条

破产管理机构的职能如下：

（1）负责对重整、破产拯救和解及宣告破产的申请进行调解；

（2）自申请受理之日起 60 天内收齐并准备破产法庭审理所需的文件，制作权利人请求事项及相应支撑文件的记录。

第 5 条

申请须经专属管辖法庭书记员办公室登记后提交到破产管理机构负责人处，由负责人再交由破产管理机构各成员法官对此开展调解，此程序须自申请提交之日起 30 天内完结；破产管理机构负责人可以且只能对此调解期限延长一次。

第 6 条

除法律规定或争议解决执行需要作出必要披露外，破产立案法官应对涉及调解程序的一切内容保密。

第 7 条

调解会议的召开须由争议各方或取得解决该争议特别授权的各方代理人参加。在兼顾各方请求和调解条件的基础上破产立案法官可采取适宜的方式开展调解，可召集争议各方或代理人进行面对面调解，也可单独对一方进行。破产立案法官应采取适宜的方式拉近各方观点以便达成对双方具有约束力的争议解决协议。

第 8 条

为完成调解程序，必要时破产立案法官可以征求有关方面意见，其中包括重整委员会专家组成员意见；同时破产立案法官可责成争议双方中任意一方支付专家费用。

第 9 条

争议解决一旦达成，各方应在写明具体内容和调解经过的解决协议上签字。

破产立案法官作出批准该争议解决协议和终结申请的决定书，该份解决协议视为具有执行效力的法律文书。

第 10 条

争议解决未能达成的，破产立案法官不再调解将案件交由专属管辖法庭审理并责成申请人通告各当事人，同时该通告函交存法院书记员办公室。

第 11 条

申请人缺席破产立案法官调解会议两次的，终止调解。

第 12 条

破产立案法官的各项决定为终局决定，除法律另有规定或决定超越权限外，不得上诉；符合上诉情形的，应自决定书发布之日起 10 日内向专属管辖法庭提起。

第二节　重整委员会

第 13 条

设立一个包括经济法院各类专家名单在内的有充足数量专家登记其中的花名册，命名为"破产管理机构专家花名册"。除经济法院各类专家外，其他专家可来自破产重整和资产管理领域的专业事务所和公司，有需要时也可是来自财政部、投资部、商业部、工业部、人力资源部、中央银行、投资总局、金融监管总局、证券交易所、商会总会、工业联合会、破产信托机构、评估专家机构或其他机构的专家。

主管部长发布条例，对花名册专家遴选组成、登记办法、专家开展工作方式、问责机制以及对专家履职最低和最高薪酬等予以规定。

第 14 条

主审法官有权在争议的任何阶段组建由破产管理机构专家花名册上的专家组成的"重整委员会"，该委员会专职制定重整计划，管理、评估商人资产以及开展其他被委派的工作。委员会报酬由主审法官核定。

第二章　向破产管理机构提起的申请

第一节　重整

第 15 条

每一位商人，在满足资本不少于 100 万埃及镑、申请前两年内持续经营且未有以欺诈方式申请重整犯罪的，皆可提出重整申请。

清算阶段的企业不得申请重整。

第 16 条

商人死亡的，经其继承人申请可在其死亡后一年内对其经营活动或资产进行重整，但须全体继承人一致同意。

第 17 条

在对商人作出宣告破产裁定或启动和解程序裁定的情形下不得提起重整申请。

提起重整申请后，直至决定重整申请结束之前，宣告破产申请和破产拯救和解申请中止。

驳回重整申请或终止前次申请的，三个月内不得再次提起。

第 18 条

重整旨在制定计划以便从财务上和管理上对商人经营活动进行重新调整，包括摆脱当前财务困境、恢复经营的方式方法，以及根据拟议的资金来源表清偿债务。该资金来源可通过资产重估、债务重组（包括国家债务）、增加资本金、增加内部现金流、减少外部现金流、管理结构重新调整等多种方式取得。

第 19 条

提起的重整申请中应阐明陷入财务困境的原因及发生时间、针对该情况所采取的防范措施或解决效果、摆脱困境必要措施的看法等。

申请应附带下列材料：

（1）本条所涉及数据的支撑文件；

（2）一份商业登记机关的证明，证明该商人在申请重整前两年已经履行了有关商业登记的要求；

（3）一份商会的证明，确认该商人在申请重整前两年处于持续经营状态；

（4）申请重整前两年的资产负债表和损益表副本各一份；

（5）申请重整前两年个人总费用表，申请人为股份公司的除外；

（6）申请重整时动产、不动产的详细清单以及其估值；

（7）债权人及债务人的姓名地址、债权人债权数额、债务人债务数额以及债权债务担保等详单；

（8）一份指出之前未申请重整，或前次申请终止且已经过三个月的说明；

（9）一份商人未宣告破产或签订破产拯救和解协议的说明。

申请人为企业的，除附带前款规定的材料外，还应附带商业登记机关认证的公司设立章程副本和合伙人（出资人）协议副本各一份、申请人身份证明文件、合伙人或股东大会关于申请重整的决议、普通合伙人姓名地址国籍的信息等。

申请人应在申请重整随附文件上签字和注明日期，对提交部分文件或完成数据有困难的应在申请书上说明原因。

法官有权要求申请人在规定期限内补充有关经济和财务状况的信息和材料。

第 20 条

重整委员会自重整申请提交之日起 3 个月内向破产立案法官提交一份报告，报告包括对商人经营陷入困境原因的看法、重整的可行性、拟议的重整计划等内容。经破产立案法官准许，该期限可再延长一次；但重整计划执行完毕的期限不得超过 5 年。

第 21 条

重整计划须经各方一致同意签字后，由重整委员会提交破产立案法官批准，经批准后该重整计划对各方具有约束力。破产立案法官认为有需要的，可任命辅助人员以协助商人；辅助人员从登记在破产管理机构专家花名册中的管理人员或专家中任命，或任命各方选择的其他人。辅助人员报酬由各方达成一致后确定，难以达成一致的，由破产立案法官予以核定。

第 22 条

辅助人员为达成其被任命之目的应开展以下全部工作：

（1）辅助商人改善财务和管理状况；

（2）为商人提供建议和技术性支持；

（3）制定重整计划的实施机制；

（4）帮助商人友好解决与债权人的争议；

（5）每三个月编制一份报告提交破产立案法官和重整协议各方以供审阅评估重整计划执行进展和商人履约程度。

第 23 条

破产立案法官有权自行更换有偿辅助人员，或经重整计划任意一方请求更换。

第 24 条

重整整个期间商人继续管理其财产，继续对在重整计划批准前后产生的不违反该计划的义务和合同行为负责。

第 25 条

商人不得有任何损害债权人权益的行为，包括与其常规经营活动无关的销售行为、捐赠馈赠行为及借贷行为，或任何无偿业务、保证行为、任何抵押、质押行为以及类似违反重整计划的行为等。

第 26 条

任何权利人皆可诉请破产立案法官审议涉及重整计划的任意一个请求。

第 27 条

有下列情形的不适用本法第 10 条规定，破产立案法官下令终止重整申请。

（1）未能对重整计划达成一致的；

（2）商人未在申请中附带前文规定的信息或文件的，或未在规定期限内提交的；

（3）商人未支付包括辅助人员报酬在内的重整程序必要费用和开支的，或查明其资产不足以支付上述费用的；

（4）商人主张重整申请原因消失的；

（5）依据申请随附的数据和文件或依据重整委员会作出的报告被认为不适宜

对商人进行重整的；

（6）全体继承人未能就重整达成一致的。

第 28 条

重整计划执行完毕时法官应予以终结；或在重整计划难以执行、出现任何违反重整计划事由时，经任意一方请求同样予以终结。

第 29 条

重整计划经批准后，直至其终结前，商人及签字的任何债权人之间不得提起与该重整计划或计划进程有关的诉讼、单独诉讼或采取司法措施等，同时涉及诉讼、索赔和债务的时效中止。

第二节 破产拯救和解

第 30 条

可宣布破产的商人，在不存在欺诈或超过一般商人所犯错误的情形下，一旦陷入财务困境而可能导致中止支付时，有权请求破产拯救和解。

中止支付债务的或已申请宣告破产的商人，具备前款条件的，同样可以请求破产拯救和解，须自中止支付之日起 15 日内提出。

企业请求破产拯救和解的应具备前两款规定条件，但清算阶段企业不得进行该种和解。

第 31 条

申请破产拯救和解时申请人应已持续经营满两年且已按相应法律规定进行了商业登记和建立了商业账簿，否则破产拯救和解申请不予受理。

企业申请破产拯救和解的，须事前获得合伙人或股东大会过半数通过申请破产拯救和解决议的许可。

第 32 条

以继承或遗赠方式取得经营场所的亲属，一致决定继续经营或在商人去世前得到准许的，可以申请破产拯救和解。

继承人或受遗赠人应自被继承人或遗赠人去世后三个月内提出破产拯救和解

申请；继承人或受遗赠人未能就提出该和解申请达成一致的，法庭应听取反对一方陈述，就当事人权益作出裁判。

第 33 条

破产拯救和解执行期间或重整期间债务人不得另行请求和解。

第 34 条

向破产管理机构提出宣告破产申请又请求破产拯救和解的，在对破产拯救和解作出裁定前不得对宣告破产申请作出裁定。

第 35 条

破产拯救和解申请书须提交到专属管辖法庭破产管理机构负责人处，申请书中应说明业务陷入困境的原因，和解建议以及履行和解协议的保障等。

第 36 条

破产拯救和解申请应附带下列材料：

（1）本条所涉及数据的支撑文件；

（2）一份商业登记机关的证明，证明该商人在申请和解前两年已经履行了有关商业登记的要求；

（3）一份商会的证明，确认该商人在申请和解前两年处于持续经营状态；

（4）申请和解前两年的资产负债表和损益表副本各一份；

（5）申请和解前两年个人总费用表，申请人为股份公司的除外；

（6）申请和解时动产、不动产的详细清单及其估值；

（7）债权人及债务人的姓名地址、债权人债权数额、债务人债务数额以及债权债务担保等详单；

（8）存入专属管辖法庭数额为 1 万埃及镑的用于发布所作出裁定费用的保证金凭证；

（9）一份未宣告商人破产或提出重整请求的说明。

申请人为企业的，除附带前款规定的材料外，还应附带商业登记机关认证的公司设立章程副本和合伙人（出资人）协议副本各一份、申请人身份证明文件、合伙人或股东大会关于申请和解的决议、普通合伙人姓名地址国籍的信息等。

申请人应在申请和解随附文件上签字和注明日期，对提交部分文件或完成数据有困难的应在申请书上说明原因。

法官有权要求申请人在规定期限内补充有关经济和财务状况的信息和材料。

第 37 条

受理和解申请的法院可在申请裁定作出前采取必要措施对债务人资产进行保全。

法院应采取一切手段获悉债务人财产状况及陷入财务困境的原因。

法院对和解申请应采取不公开、快速审理的方式，所做裁定一审终局。

第 38 条

下列情形下，法院裁定驳回破产拯救和解申请：

（1）未按本法第 36 条规定提交文件和数据，或无正当理由未完整提交的；

（2）商人曾被判决以任一欺诈方式破产犯罪的，或犯有伪造、盗窃、招摇撞骗、背信失德、签发空头支票、挪用公款等罪行的，除恢复名誉外；

（3）退出商业经营或潜逃的。

第 39 条

法院裁定驳回破产拯救和解申请时一旦查明商人故意使人产生误解或蓄意制造业务困境的，处以 2 万以上 10 万以下埃及镑罚款。

第 40 条

申请破产拯救和解被法院裁定接受的，法院应同时作出启动和解程序的命令。裁定应包括以内容：

（1）指派一名和解程序法官对和解过程予以监督；

（2）任命一名或多名和解管理人负责和跟进和解程序。

裁定中下令启动和解程序时可要求债务人向法院财务存入货币保证金以应对和解程序中的费用支出；债务人未在规定期限存入的，法院可裁定取消或中止和解程序。

第 41 条

和解管理人从获准从事破产管理人职业的个人或公司中任命,由其负责在专门记录簿上以天为单位记录所有与和解有关的活动,记录簿结尾处须由和解程序法官签字盖章并签注"完结"字样。法院和和解各方都有权查阅。

第 42 条

对和解程序法官决定提起复议的,应自法官决定书存入书记员办公室之日起 10 日内将复议申请书交存书记员办公室。由法院通知有关当事人并在首次开庭时审理该复议,但作出决定被提起复议的该和解程序法官回避。

第 43 条

复议期间对和解程序法官作出的决定中止执行,直至法院对该决定作出裁判;但法院下令继续执行的除外。

法院决定维持的,一旦查明复议申请人故意拖延执行和解程序法官决定的,可对其处以 5 万埃及镑以下罚款。

第 44 条

法院任命和解管理人的裁定作出后,法院书记员办公室应立即通知和解管理人。

和解管理人应在收到通知后 5 日内在商业登记簿中记录启动和解程序的裁定,同时在和解程序法官指定的日报上公告裁定摘要并邀请债权人召开会议。

和解管理人须在前款规定期限内将随附和解建议的会议邀请函送达已确知地址的债权人。

第 45 条

裁定发布后和解程序法官立即启动和解程序,封存债务人账簿,并在封条上签字。

和解管理人应在收到通知后 24 小时内,在债务人和法院书记员在场情况下开始进行资产清点。

第 46 条

启动和解程序的裁定发布后,在和解管理人的监督下债务人可继续管理其资产，行使其商业活动所需的常规处分行为；但在上述裁定发布后债务人的捐赠行为不得对抗债权人。

启动和解程序的裁定发布后，除非经和解程序法官准许，债务人不得在其非常规业务活动中签订和解协议、设置任何形式的抵押或者进行所有权的转移行为；同时不违背受让人的善意取得，以善意取得方式业已处分完毕的行为债权人不得撤销。

第47条

启动和解程序的裁定一经作出一切针对债务人的诉讼和执行程序中止；由债务人提起的诉讼和申请执行案件则在和解管理人加入后继续进行。

启动和解程序的裁定发布后设置在债务人资产上的抵押权、一般优先受偿权、特定财产优先受偿权的登记不得援引。

第48条

发布启动和解程序的裁定不导致债务人的债务到期或其收益有效性的终止。

第49条

提起和解申请后债务人隐匿部分资产或有恶意损害债权人权益行为的，以及违反本法第46条所规定情形的，法院应依职权裁定撤销该和解程序。

第50条

全体债权人，包括有未到期债权的，有特别担保的及已由终审判决确认的，应在启动和解程序裁定摘要登报公告之日起15日内将原始债权凭证并附带对该笔债权的声明、对其担保的声明（如有）、本国货币表示的债权金额（如在宣告破产裁定发布当日没有汇率，则使用与埃及央行公布兑换价格为基准计算，包括卖出价、收盘价、现汇价或现钞价）等以能获取签收信息的挂号信方式交付给和解管理人。

前款规定的期限，对定居埃及境外的债权人为30天。

前两款规定的交付期限不得延长。

第51条

和解管理人在本法第50条规定的期限届满后制作请求参与和解程序的债权人

花名册、每笔债权的金额表及其支撑材料、对债务的担保（如有），以及作出对债权予以接受或不予接受的意见。

和解管理人可以要求债权人提供债权说明、补全材料、调整债权金额或属性等。

第 52 条

和解管理人应自启动和解程序裁定发布之日起 40 天内将债权清单交存法院书记员办公室，该期限必要时可由和解程序法官决定延长。

和解管理人须在债权清单交存次日，在和解程序法官规定的大范围发行的日报上公告债权清单交存完成的声明。

每位利害关系人都可以查阅交存于法庭书记员办公室的债权清单。

第 53 条

债务人和每位名字在债权清单上的债权人都可以自报纸公布债权清单交存完成的声明之日起 10 日内就列入清单的债权展开争议。所争议事项应提交到法院书记员办公室，该争议期限不得延长。

第 54 条

本法第 53 条规定的期间届满后，由和解程序法官制作最终无争议债权清单，并在与债权有关的声明中备注"债权予以接受"以及所接受债权的金额。

和解程序法官在未有对债权提出争议的情形下也可认定该债权具有争议。

和解程序法官应自争议提交期限届满后 30 日内对争议债权作出裁判。

法院书记员办公室在和解会议召开前至少三天通知各方当事人；有关争议债权的裁判，应自作出后立即通知各方当事人。

第 55 条

对和解程序法官就接受或不予接受债权决定的复议，应自该决定交存书记员办公室之日或通知之日起 10 日内向专属管辖法庭提起。除专属管辖法庭下令中止外，复议期间不中止和解程序。

专属管辖法庭可以在对复议作出决定前暂时接受该债权及其估值；在该债权

被提起刑事诉讼的情形下则不得作出暂时接受的决定。

第 56 条

未在本法第 50 条规定期限内提交原始债权凭证的债权人，以及不接受最终债权或不临时接受债权的债权人，不得参与破产拯救和解程序。

第 57 条

和解程序法官在核实最终债权后确定就和解建议展开商讨的债权人会议日期，同时应向每一位接受最终债权或临时接受债权的债权人发出与会邀请。和解程序法官可下令在指定日报上发布该邀请。

第 58 条

和解管理人在确定召开债权人会议日期前 5 日内向法院书记员办公室交存一份报告，报告债务人的财产情况、财务陷入困境原因、有权参与和解程序的债权人名单等。同时该报告应包含和解管理人对债务人建议的和解条件的意见。

经申请并由和解程序法官许可后，每位利害关系人都可以浏览该报告。

第 59 条

债权人会议由和解程序法官主持。债权人可以委托一名代表出席会议；债务人必须亲自出席，债务人为公司的其法人代表必须出席，除能为和解程序法官接受的理由外一律不得委托代表出席。

债权人在阅读本法第 58 条规定的和解管理人报告后方可进行和解条件商讨，在商讨期间债务人可调整其条件已达成和解。

第 60 条

接受最终债权或临时接受债权的过半数债权人且满足占债权总值三分之二条件的，在此情形下通过后方可签订和解协议；不参与表决的，不计入上述满足两个多数条件的债权人范畴，同时其债权也不予计入。

发行债券或金融工具的公司和解时，债券或金融工具金额超过总债务金额三分之一的，除该债券或金融工具全体所有者大会一致同意和解外，不得进行和解。

第 61 条

申请人配偶和亲属请求和解的，只得从第二阶段开始参与和解商讨或对和解协议进行表决。

启动和解程序裁定发布后,接受最终债权或临时接受的债权人将其债权转让的,受让一方不得参与和解商讨或对其进行表决。

第 62 条

在和解申请人资产上设置有登记的动产或不动产担保的债权人不得以其担保债权参与和解表决,除非预先放弃该担保;有担保的债权人可只放弃部分担保,但不得少于债权总额的三分之一,该弃权须在和解会议纪要中确认。

前款所述债权人未声明放弃全部或部分担保而参加和解表决的,视为放弃全部担保。

除非和解达成且由法院予以核准,否则任何情形下放弃担保不视为最终形成。

和解协议无效的,包括放弃的担保在内的各种保证恢复原状。

第 63 条

破产拯救和解协议应在和解会议中完成表决后签署,否则无效。

本法第 60 条规定的两个多数条件之一未能达到的,和解商讨应推迟 10 天,但不得再延期。

出席第一次和解大会的债权人或其代表可在和解会议纪要上签字注明不出席下一次会议,该种情形下除非其继续出席并对之前的同意意见或者针对债务人在两次会议期间就和解建议作出实质性修改而给予保留或变更,否则下一次会议将第一次会议作出的同意和解意见一直保留并有效。

第 64 条

应制作和解会议纪要以记录和解会议过程,纪要由和解程序法官、和解管理人、债务人以及出席会议的债权人共同签字形成。

有权参加和解商谈的债权人可自和解纪要签字之日起 10 日内以书面形式向和解程序法官提出异议及其理由。

和解程序法官应在前款规定期限届满 7 日内将和解纪要提交到作出启动和解程序裁定的法院予以批准,同时附带和解程序法官对包括债务人情况、业务陷入困境原因、和解条件、对和解提出的异议及理由在内的一份报告。

第 65 条

对债权人异议以及请求对和解进行核准的开庭时间由法院书记员办公室通知异议债权人、债务人；所有利害关系人均可到庭。

对异议以及对和解核准的请求法院一审终局并作出核准或不予核准和解协议的裁定。

对发现有证据证明的涉及公共利益或债权人权益的，即使没有提出异议法院也可以作出不予核准和解协议的裁定。

法院对和解不予核准的，一旦证实异议当事人故意拖延和解可对其处以 5 千埃及镑以上 2 万埃及镑以下罚款。

第 66 条

拯救破产和解可包含允许债务人延期清偿债务或利息，也可免除部分债务或利息。

债务人有偿还能力的可以达成一个规定期限内清偿债务的和解协议，但该期限自法院核准和解协议之日起不得超过 5 年。除债务人资产超过债务至少 10% 以上，否则不视为其具备偿还能力。债权人有权提出提供物的担保或人的保证来确保和解协议的履行。

第 67 条

对破产拯救和解核准裁定的发布按照宣告破产裁定发布的规定方式进行。

裁定摘要由报纸公布，摘要中应包含债务人姓名、地址、商业登记号码，以及核准和解协议的法院、裁定核准的日期等。

第 68 条

依据本破产法破产拯救和解协议一经裁定核准后即刻对所有普通债权人生效，不论是否参与和解程序或是否同意和解条款。

债务人或其保证人的连带债务人不得从破产拯救和解中从受益；但如与企业达成和解的，其合伙人以其全部资产承担企业债务的，除和解协议另有规定外，可从中受益。

抚养赡养费债务、启动和解程序裁定作出后产生的债务不适用和解。

第69条

核准和解的法院依债务人请求可准许其延期清偿和解程序之外债务的期限，但该准许延长期限不得超过和解协议约定的清偿期限。

和解协议的核准不会导致债务人丧失作出清偿期限长于和解协议约定清偿期限的权利。

第70条

在对和解协议作出核准的裁定中法院可以依据和解程序法官的报告同时作出留任和解管理人或从债权人、第三方中任命观察员的决定，和解管理人或观察员负责监督和解协议的履行以及在发生违背协议条款时向法院报告。

和解管理人或观察员在债权凭证上备注已支付金额；不论何种情形，债权人应在和解程序法官的监督下向债务人出具"已收款"字样的收据并由和解管理人或观察员签字。

观察员在和解协议履行完毕后10日内向核准该和解协议的法院请求作出终结和解程序的裁定。该请求以本法第44条规定的方式发布。

终结和解程序的裁定自登报发布之日起30日内作出，并在商业登记簿中记录该裁定摘要。

第71条

破产拯救和解协议经核准后一旦发现债务人有欺诈行为的，该协议无效。欺诈行为专指隐匿资产、隐瞒或捏造债务、故意夸大债务金额等。

申请和解协议无效的，应自发现欺诈行为之日起6个月内提出，超出该期限的不予受理；核准和解协议的裁定发布经过一年后提出的，不论何种情形，一律不予受理。

债权人无须返还和解协议无效裁定前已收到的债务款项。

和解协议无效的，担保和解协议履行的保证人无须承担保证责任。

由作出核准和解协议裁定的法院专门审理该和解协议无效之诉。

第 72 条

依据生效和解协议中任意一名债权人申请，在以下情形下法院可裁定解除和解协议：

(1) 债务人不按约定履行和解协议的；

(2) 核准和解协议裁定发布后无正当理由债务人转移其经营场所所有权的；

(3) 债务人死亡且查明无法履行和解协议或和解协议履行完毕无预期的。

债权人无须返还和解协议解除裁定前已收到的债务款项。

和解协议解除的，担保和解协议履行的保证人所承担的保证责任不予解除；法院应传唤保证人在审理请求和解协议解除之诉时出庭。

第 73 条

和解管理人和观察员非债权人的，和解程序法官应给其核定报酬并就此作出决定，并于决定作出次日将其交存法院书记员办公室。任何对此决定有异议的利害关系人可在交存之日起 15 日内向该法院提出，法院就此异议作出终局裁判。

第 74 条

观察员为某一债权人的，查明其在工作中作出了非同寻常的努力，在债务人财务状况允许的情况下，法院可自行或依据和解程序法官报告在和解程序终结裁定中决定给付该观察员一次性奖励。

第三节 宣告破产

第 75 条

遵照 1999 年第 17 号《商法》规定设立商业账簿的商人，在财务陷入困境后中止支付商业债务的视为进入破产状态。

除法律另有规定外，在裁定宣告破产作出前中止支付不产生特定法律效果。

第 76 条

宣告破产可由商人自己申请、任意一名债权人申请或由检察院提起；同时法院有权自行裁定宣告商人破产。

中止支付情形下商人去世或退出商业经营的，可宣告其破产。破产宣告申请应在商人去世或退出商业经营的次年内提出。退出商业经营的，自商业登记簿注销商号之日起计算。

商人的继承人可在商人去世后前款规定的期限内申请宣告破产；继承人中有反对宣告破产的，法庭应听取其陈述，之后就当事人权益作出决定。

商人去世而宣告破产的申请书应通过报纸公告的方式在被继承人最后住所地向所有继承人进行送达。

债权人申请宣告债务人破产的，在其债权有登记过的动产或不动产提供全额担保的不予受理，除非债务金额大于保证金额。

第 77 条

商人申请宣告破产的应在中止付款之日起 15 日内向破产管理机构提出，申请应说明中止付款理由并附带以下文件：

（1）主账簿；

（2）最终资产负债表和损益表副本；

（3）申请宣告破产前两年个人总费用表，如少于两年则为从事经营期间个人总费用表；申请人为股份公司的除外；

（4）截至中止付款之日申请人所有的动产、不动产及其估值的详细清单，同时提交以其名下的无论是存入埃及还是国外银行的账面余额；

（5）债权人及债务人的姓名地址、债权人债权数额、债务人债务数额以及对债权债务的保证等说明；

（6）申请宣告破产前两年针对商人书面投诉抗议的声明；

（7）一份之前未作出启动破产拯救和解裁定或提起重整申请的说明；

商人应在上述文件上签字和注明日期，对提交部分文件或完成数据有困难的应在申请书上说明原因。

法官有权要求申请人在规定期限内补充有关经济和财务状况的信息和材料。

第 78 条

对到期应收无争议的商业债务，其债权人有权申请宣告债务人破产；对到期民间借贷，除证明债务人中止对其到期民间债务还款外还须证明债务人对到期商业债务中止还款，债权人才可申请宣告债务人破产。

对延迟债务，债务人在埃及没有明确住所地的、企图逃匿的、经营场所关张的、进行清算的、或有损害债权人权益行为的，债权人有权申请宣告债务人破产；但须提交证据证明债务人中止支付到期商业债务。

债权人申请宣告债务人破产的须向专属管辖法庭的破产管理机构提出，并附带提交将1万埃及镑存入法院用于公告宣告破产裁定保证金的收据；同时，债权人可请求采取必要的保全措施以及在申请书中说明其所举证证明的债务人中止支付债务的情形。

第79条

因商人对应缴纳的刑事罚金、税费、社会保障金等中止支付的不予宣告破产。

第80条

由检察院提起的宣告商人破产或法院认为应宣告破产的，排除适用本法第4、第5、第9、第10和第11条规定，书记员办公室应将开庭日传票送达该商人。

在商人去世或退出商业经营次年申请期限届满后，法院不再就此情形对宣告破产予以受理，或经由检察院提请受理。

第81条

对申请宣告破产案件，由专属管辖法庭书记员办公室通知检察院，检察院缺席或不提出检察意见的不影响案件裁判。

第82条

专属管辖法庭审理破产案件时可依职权采取必要的财产保全措施或对债务人财产进行为期3个月且可延长至审结为止的接管；同时法院可穷尽手段获悉债务人状况以及中止支付的原因。

第83条

所有由破产引起的诉讼以及因破产对第三人提起的诉讼或第三人对此提起的诉讼都由破产法院专属管辖。

破产引起的案件专指涉及破产时资产、破产管理、清算时资产或适用本法就涉及破产作出裁判的案件。

第 84 条

法院在宣告破产裁定中应临时指定一个中止支付日期，任命破产管理人以及在本院中选任破产清算法官，下令在资产清点完成前对债务人经营场所张贴封条。

法院书记员办公室在宣告破产裁定作出后立即将该裁定摘要送达检察院。

第 85 条

法院利用债务人签发的每一份契据、声明或作出的每一项行为来确定中止支付日期，发掘其业务困境以及是否有试图继续非法或损害债权人权益的商业行为，尤其表现在是否有逃匿或自杀行为、隐匿资产、亏本变卖、订立苛刻条款的贷款合同或进行盲目投机行为。

宣告破产裁定中未确定中止支付日期的，该宣告破产裁定发布之日视为临时指定的中止付款日期。

商人去世或退出商业经营后发布的宣告破产裁定中未确定中止支付日期的，商人去世或退出商业经营之日视为临时指定的中止支付日期。

第 86 条

确定的债权清单交存法院书记员办公室日期之前法院可自行修改临时指定的中止支付日期，或者经检察院、债务人、任意一名债权人、破产管理人及有利害关系的第三人提出；经过上述日期后，该临时指定的中止支付日期成为最终确定日期。

任何情形下，自宣告破产裁定发布日期倒推中止支付日期不得超过 2 年。

第 87 条

作出宣告破产裁定法院的书记员办公室应在裁定作出后立即用可获取收件信息的挂号信方式通知破产管理人担负起破产清算工作。

破产管理人应将该裁定及对中止支付日期修改的裁定在商业登记簿上进行登记。

破产管理人应在收到法院通知后 10 内负责将宣告破产裁定摘要在作出该裁定法院指定的日报上公布。上述摘要应包括宣告破产裁定所涉及的破产人姓名及住址、商业登记号码，作出裁定的法院及裁定作出日期、临时指定的中止支付日期、破产清算法官姓名、破产管理人姓名及地址；同时还应在公布中邀请债权人登记债权。在修改中止支付日期的情形下，公布中除以上内容外还应另外包括法院指定的新日期。

破产管理人须在收到宣告破产裁定通知之日起 15 日内将该裁定通知埃及中央银行（以便通过其通告埃及各从业银行）、埃及金融监管总局、埃及证券交易所、埃及结算中心，并以全体债权人的名义将裁定摘要签注在破产人不动产所在地的所有不动产登记机关，该签注不导致全体债权人享有任何他项权；动产抵押登记的同样予以签注。

第 88 条

当事人以外的任何利害关系人可自宣告破产裁定在报纸公告之日起 30 日内向作出该宣告破产裁定的法院提出异议；但被上诉的除外，应当向受理上诉的法院提出异议。

不服宣告破产案件或其他因破产引起案件判决、裁定的，上诉期限及方式适用民商事诉讼法的规定。

第 89 条

除法律另有规定外，破产案件的判决、裁定一旦作出具有自行强制执行效力，不适用执行担保。

第 90 条

不得以任何形式提起上诉或复议的包括：

（1）委任或替换破产清算法官、破产管理人或破产监督员的决定或裁定；

（2）对破产清算法官决定不服申请复议后作出的决定；

（3）对破产清算法官就接受或不予接受债权债务作出决定不服，申请复议后而作出的复议期间中止破产程序的裁定；

(4) 暂时对有争议债权债务予以接受的裁定。

第 91 条

债务人在宣告破产裁定生效前清偿所有到期商业债务的，法院应撤销宣告破产裁定，但债务人须承担所有的诉讼费用。

第 92 条

在宣告破产时，破产人的账面无现金支付法院宣告破产、公告费用以及对破产人资产查封、解封费用的，该部分支出应从宣告破产申请人存入的保证金中支取；该支出款项从破产清算中首次现金流入后优先于所有债权人受偿。同时，破产清算法官有权下令通过变卖破产清算中部分资产的方式来支付该部分费用。

第 93 条

债务人申请宣告破产被法院驳回的，一旦查明其故意捏造破产情节，法院可对其处以 1 万埃及镑以上 5 万埃及镑以下的罚款。

债权人申请宣告债务人破产被驳回的，一旦查明其蓄意毁损债务人商誉，法院可对其处以前款规定数额的罚款并由其承担在法院指定报纸上公告被驳回裁定的费用，同时不妨碍债务人请求损害赔偿的权利。

第 94 条

破产案件中法院从破产管理机构专家花名册中任命管理破产清算的法律代表，命名为"破产管理人"。

破产清算法官在任何时间可自行决定或经破产人、监督人申请后决定增加一名或多名管理人，但其总数不超过 3 名。

由主管部长以部长令形式发布破产管理人职业规范。

第 95 条

破产人的配偶或亲属在到第四阶段之前，以及在宣告破产前两年为破产人的合伙人、雇员、会计或代理人的，不得任命为破产管理人；同时，曾判决破产人犯有刑事重罪或失信、背信等轻罪的人员也不得任命为破产管理人。

第 96 条

破产管理人应接管、维护破产清算中的财产，代表破产人在接管阶段全面起诉应诉、开展破产管理所需的工作。

破产管理人应在有页面的专门记录簿上以天为单位记录所有与破产管理有关的活动，记录簿结尾处须由破产清算法官签字盖章并签注"完结"字样。

该记录簿供法院、破产清算法官、监督员随时查阅；经破产清算法官准许后破产人也可以查阅。

第 97 条

有多个破产管理人的须集体办公，共同负责破产管理。

破产清算法官可对多个破产管理人进行分工或指派某位管理人从事委派工作；该种情形下，破产管理人只对本人被委派的工作负责。

破产管理人可互相代理被委派工作，除经破产清算法官准许外不得再委托他人；在破产清算法官准许的情形下破产管理人和其代理人对被委派工作共同承担责任。

第 98 条

破产人和监督员在破产管理人工作完结前可向破产管理法官就其工作提出异议，异议期间破产管理工作暂停。破产清算法官应在异议提交之日起 7 日内作出决定，该决定一经作出立即生效。

第 99 条

法院可自行决定或经破产清算法官提请，或破产人、监督员申请后决定解除破产管理人委任、另行任命破产管理人或在破产管理人数增多的情况下予以削减。

第 100 条

在破产管理人提交有关其破产管理的报告后，破产清算法官以决定书的形式核定破产管理人的报酬和费用。

破产清算法官可决定在破产管理人提交前款所述报告前向其列支款项，该款项从破产管理人报酬中减扣。

任何当事人可就专门针对破产管理人报酬和费用核定价格的破产清算法官决定向法院提出异议。

第 101 条

破产清算法官除行使特别规定的权力外还包括以下：

（1）把控破产管理、监督破产管理进程以及采取必要的措施保存破产清算中的资产，其中包括责成破产管理人提起法律诉讼或采取某些行动；

（2）依照法律规定的情形召集并主持债权人会议；

（3）向法院提交破产情况的季度报告；对属本院专属管辖涉及破产的每个争议案件也要向法院提交报告；

（4）传唤破产人或其继承人、代理人、员工，或者其他有关人员就破产事宜进行法庭取证。

第 102 条

破产清算法官的各种决定须于作出次日在法院书记员办公室存入卷宗，破产清算法官可令书记员办公室将决定通知所有利害关系人，通知方式除破产清算法官决定用其他方式外，均采用能获取收件信息的挂号信方式。

第 103 条

破产清算法官作出的各种决定，除法律另有规定或决定越权外不得提起复议；符合复议情形的，应自决定书存入书记员办公室之日起 10 日内将复议申请书交存书记员办公室。由法院通知有关当事人并在首次开庭时审理该复议，但作出决定被提起复议的该破产清算法官回避。除法院认为该决定有继续执行必要外，复议期间该决定停止执行。

法院决定维持的，一旦查明复议申请人故意拖延执行破产清算法官决定的，可对其处以 5 千埃及镑以上 2 万埃及镑以下罚款。

第 104 条

法院可在任何时间决定从本院其他法官中另行任命破产清算法官或在破产清算法官临时缺席时委派其他法官接替工作。

第 105 条

破产清算法官可从自荐担任破产监督员的债权人中任命一名或多名担任监

督员。

对破产清算法官任命监督员的决定，破产人和每位债权人均可提出异议，但异议期间该决定不停止执行；异议须提交至作出该决定的法官本人并由其立刻决断。

第 106 条

进入到第四阶段前，破产人的配偶或亲属不得担任监督员或被任命为监督员机构的法人代表。

第 107 条

监督员的权力，除其他特别规定外还包括：对债务人提交的资产负债表和报告书进行检查以及其他破产清算法官分派的涉及监督破产管理人工作的任务、协助破产清算法官监督破产管理人工作等。

监督员可要求破产管理人就破产程序进度、收入、支出以及涉及破产的诉讼情况等进行说明。

第 108 条

监督员不就其工作领取报酬，但在破产清算财务状况允许的情况下法院可决定就其超乎寻常的出色工作给予一次性奖金。

破产清算法官可决定解除对监督员的任命。

除重大过错外，不对监督员问责。

第 109 条

破产人实施有损债权人权益行为的，经破产清算法官、检察院提请，或破产管理人、监督员申请，法院可在必要向破产人发出限制出境令，该限制期限不超过 6 个月但可延长。破产人不服的可向专属管辖法庭申请复议，复议期间该限制出境令不停止执行。

法院可在任何时间决定取消限制出境令。

第 110 条

破产人未书面通知破产管理人行踪位置的，不得离开其住所地；未经破产清算法官准许的也不得更换住所地。

第 111 条

不违法 2014 年第 45 号《行使政治权利法》和 2014 年第 46 号《议会法》的规定，被终审判决犯有以欺诈方式破产犯罪或过失破产犯罪罪行之一的，自刑罚执行之日起剥夺其行使政治权利以及担任议会、地方议会议员资格 6 年；该权利和资格剥夺在被判决恢复名誉或免于刑事处罚情形下不适用。

被宣布破产者，除非对其限制解除，否则不得成为商业协会、工业协会、工会、职业团体或体育团体成员，不得担任任何公司经理或成为董事会成员，不得从事银行工作、商业代表、进出口业务，不得担任证券买卖经纪人或公开拍卖师等。

被宣布破产者，不得代理他人管理或处置资产，但依据破产管理人或债权人联合体秘书的方案并经由破产清算法官请示后，专属管辖法庭可解除破产人在行使该代理事项的限制，不论是暂时代理还是长期代理都须在该破产人代理他人的委托书边缘处加注"限制解除"，该解除自加注之日生效。法院可准许破产人管理其未成年人子女财产，但不得对未成年人子女权益造成损害。

第 112 条

宣告破产的裁定一经作出即限制破产人管理或处置其资产，破产人于宣告破产裁定发布当日实施的处置行为视为在裁定发布后实施。

破产人的处置行为，除经登记、注册或其他类似程序外不能成为对抗第三人的理由；除该处置行为实际发生在中止支付日期之前，否则不得对抗全体债权人。

对破产人管理或处置其资产的限制不妨碍其维护自身权益而采取必要的措施。

第 113 条

宣告破产裁定作出后破产人不得清偿其债务或接收其应有的权益。

除破产管理人依据 1999 年第 17 号《商法》第 431 条规定进行反对外，破产人持有商业票据的，在到期日可以结算；但结算的商业票据款项须存入破产管理人账户。

第 114 条

宣告破产裁定发布后破产人的所享权利和所负义务之间不得抵销，除非二者之间有关联；该处关联专指权利和义务产生于同一缘由或涵盖在一个经常账户中。

第 115 条

限制破产人管理或处置的资产包括宣告破产当日归破产人所有的一切资产以及在其破产状态下所有权转移其名下的资产。

但以下不属于限制范围：

（1）依法不得予以查封的资产以及决定给予破产人的救助金；

（2）所有权不属于破产人的资产；

（3）与破产人人格或身份有关的权益；

（4）宣告破产裁定发布前破产人签订的有效保险合同中赔付给受益人的保险金；除法律另有规定外，自法院指定中止支付日期（含当日）后破产人支付的所有保险费，受益人须返还进入破产清算。

第 116 条

破产人有遗产的，在被继承人的债权人从遗产中先行受偿前，破产人的债权人无权受偿。

被继承人的债权人对破产财产不享有任何权利。

第 117 条

在宣告破产裁定发布后，除以下诉讼外，破产人不得提起诉讼、不得对破产人提起诉讼或继续该类诉讼。

（1）与限制范围以外的资产及处置行为有关的诉讼；

（2）法律许可破产人开展的涉及破产管理的诉讼；

（3）刑事诉讼。

法院可准许破产人加入涉及破产的诉讼，同时也可以准许债权人加入关系其自身利益的诉讼。

如破产人提起刑事诉讼或被控刑事犯罪，或者就涉及破产人人格和身份的起诉、应诉，一旦其中包括有财产诉求的，破产管理人应当加入。

第 118 条

作为本法第 121 条的例外情形，在宣告破产后破产人被判决因其在提交宣告破产申请前的侵权行为对他人进行赔付的，法院可准许被侵权人以其生效判决赔付金额加入破产清算，但查明被侵权人与破产人串通的除外。

第 119 条

经破产人或其抚养人、赡养人申请，破产清算法官在听取破产管理人陈述后可决定从破产财产中列支救济金给破产人。

救济金申请人或破产管理人有权就核定救济金数额向破产清算法官提出异议，异议期间不停止救济金发放。

破产清算法官在任何时间可自行决定或者经破产管理人申请，调整救济金数额或取消救济金，对决定的复议可提交至作出该决定的法官本人处。

核准和解协议的裁定生效时，救济金停止发放；和解未达成的，债权人一经进入组成联合体状态，救济金即中止发放。

第 120 条

兼顾本法第 111 条的规定，破产人经破产清算法官准许后可使用非破产财产另起新业；债权产生于新业的债权人对新业财产享有优先受偿权。

第 121 条

兼顾本法第 118 条规定，不得以宣告破产裁定后作出的生效裁判判定的债权对抗全体债权人；同时不得以债务人自中止支付日期后至宣告破产裁定日期前所实施的以下处分行为对抗全体债权人：

（1）除按习俗提供的小礼物之外的各种类型的捐赠；

（2）提前偿还的未到期债务，不论何种偿还方式；结算未到付款日期的商业票据也视为提前偿还未到期债务；

（3）以非约定客体偿还到期债务的；通过商业票据或银行转账方式还款的视为按现金方式还款；

(4) 所有抵押或其他约定方式的保证金，以及在该保证金之前设定在债务人特定资产上的优先受偿权。

第 122 条

破产人实施的，本法第 121 条所述期间未提到的处置行为，在该行为损害债权人权益或受让人在处置行为实施时知道破产人中止支付的，可裁定不予执行针对全体债权人的该种处置行为。

第 123 条

一旦商业票据在中止支付日期之后宣告破产裁定日期之前兑付，不得要求持票人返还，但出票人或收款人在商业票据开立时知道破产人中止支付的应退还已支付款项；票据第一次背书时如被背书人知道破产人中止支付的，该情形下使用的票据同样负有返还义务。

第 124 条

抵押权、一般优先受偿权或特定财产优先受偿权等从全体债权人中别除的权利，在中止支付日期之后且自决定该抵押权、一般优先权或特定财产优先受偿权之日起经过 30 天登记的，可裁定不执行上述别除权。

被裁定在全体债权人中不执行的抵押权或特定财产优先受偿权，其享有顺位在后的抵押权或特定财产优先受偿权的债权人应获得该种保证地位。但来自变卖设定该保证的财产所得价款不得给付上述债权人，其只能获得在执行完在先的抵押权或特定财产优先受偿权之后的部分，在先的抵押权或特定财产优先受偿权的部分归全体债权人。

第 125 条

破产管理人可自行或根据破产清算法官指示，依据《民法典》规定要求在宣告破产裁定发布之前债务人实施的针对全体债权人的处置行为不予执行。作出的不予执行裁定效力及于全体债权人，不论债权人的债权确立于处置行为发生前还是发生后。

第 126 条

判决、裁定任何处置行为针对全体债权人都不执行的，受让人应将因破产人处置行为从其处所取得之物或取得时该物的价款返还进入破产清算，同时还应支付所获款项的收益或自取得之日后的孳息。

对应得的赔偿金，如该赔偿金本身能在破产清算中找到，则权利人有权取回破产人应支付的该笔赔偿金；在未发现该赔偿金时，权利人有权向全体债权人主张因处置行为归于全体债权人的该部分利益，同时权利人有权以普通债权人的身份以超出该利益价值的份额加入破产清算。

第 127 条

因适用本法第 121 至 125 条而产生的诉讼，自宣告破产裁定公布之日起经过 2 年诉权不再保障。

第 128 条

普通债权人和拥有一般优先受偿权的债权人在宣告破产裁定公布后不得对破产管理人单独提起诉讼或者采取其他任何司法措施。

宣告破产裁定的发布同时导致前款上述债权人进行的单独诉讼中止；在宣告破产裁定发布前上述债权人申请的执行程序中止，但在变卖破产人不动产日期确定时，经破产清算法官准许可继续该执行程序。

抵押权人、拥有特别优先受偿权的债权人以及拥有特定财产优先受偿权的债权人有权针对破产人提起单独诉讼或者继续进行其诉讼。同时有权执行或继续执行上述有抵押权、特别优先受偿权或特定财产优先受偿权的资产，但须通知破产清算法官该执行，并以破产管理人为被执行人。

第 129 条

宣告破产裁定发布后破产人所有的现金债务，不论是普通债务还是一般或特殊优先受偿权的担保债务加速到期。

第 130 条

宣告破产裁定应终止对全体债权人中普通债权的收益；对设置有抵押、一般优先受偿或特定财产优先受偿权的债权，除将有该设置的资产变卖所得款项外，对该债权收益的请求也不予支持。资产变卖取得款项后，首先将减除债务本金，其次再减除宣告破产裁定发布前应计收益，最后减除裁定发布后应计收益。

第 131 条

对未约定收益的未到期债务，破产清算法官有权减除一个金额，相当于自宣告破产裁定发布之日到债务到期日之间的收益。

第 132 条

附有解除条款的债权，在提供担保时，可参与破产清算；但对附生效条件的债权，直到该条件生成，才可以给其保留的份额参与破产清算。

第 133 条

同一笔债务中有多位债务负担者，其中有一位被宣告破产的，除法律另有规定外，该破产不对其他债务负担者产生影响。

该被宣告破产的债务负担者一旦完成和解，其和解协议不对其他债务负担者产生约束力。

第 134 条

如债权人从同一笔债务的多位债务负担者中某一位处部分受偿后，余下债务负担者或其他个别债务负担者宣告破产的，该债权人仅以其余下债权为限参与破产清算，同时其保留向未破产债务负担者主张余下债权的权利。该未破产债务负担者有权参与其已清偿债务的各破产清算。

第 135 条

同一债务的所有债务负担者同时宣告破产的，债权人有权以其全部债权参与各破产清算直到完全解决，包括其本金、收益和费用。

各破产清算之间不得就已履行款项相互追索。

债权人所受偿总额超过其债权及附带权益数额的，超出部分依据各破产清算负担债务的顺序返还给有他人担保的破产清算；无负担债务顺序的，返还给付款超过其债务份额的破产清算。

第 136 条

除用于备忘外，不得将破产人的债权人中享有法定形式的动产、不动产的抵押权或特殊优先受偿权的债权人名字列入全体债权人中。

第 137 条

破产管理人在获得破产清算法官准许后任何时间都可以清偿有质押的债务并收回质押物归全体债权人所有。

第 138 条

破产管理人在获得破产清算法官准许后应在宣告破产裁定作出次日起 10 日内以其掌管的破产钱款对裁定前破产人员工 30 天的工资、薪金、应付款项等优先于其他债权先行支付；如破产管理人没有该笔必要钱款先行支付的，则使用破产清算中进账的第一笔钱款，即使有其他在先优先受偿债权。上述款项支付后有余额时应依照法定优先受偿顺序清偿。

第 139 条

租赁不动产开展商业经营的破产人终止租赁的，不动产出租人依据本法第 143 条规定享有留置权以保证宣告破产裁定发布前一年及当年的应付租金；如租赁不动产内现有动产被变卖或者被转移的，出租人可行使留置权留置该动产。

第 140 条

政府的各税种税款，除宣告破产裁定发布前两年的破产人滞缴税款外，不纳入优先受偿范围；其余各税款以普通债权性质进入分配。

第 141 条

破产清算法官可根据破产人的建议在需要时下令使用进入破产清算中的第一笔款项向对破产人动产享有留置权的债权人履行偿付义务，前提是该部分债权人名字已经登记在本法第 171 条第 1 款规定的最终无争议债权清单中；如对该留置权有争议，只有在对其作出终局裁判后才可履行。

第 142 条

宣告破产裁定不导致破产人为一方缔约人的合同解除，除非是因个人原因导致。

如破产管理人不执行或不继续执行该合同，合同另一方有权要求解除。破产管理人采取的每一个有关该合同的决定应提交到破产清算法官处获得准许。合同另一方可指定给破产管理人一个合理期限去说明其对合同的立场。

合同当事人可以普通债权人的身份以因合同解除获赔数额为限参与破产清算，有法律明文规定保留该赔偿优先受偿的除外。

第 143 条

破产人为不动产承租人使用不动产从事商业经营的，宣告破产裁定的发布不导致租赁合同终止或者合同剩余租期到期，任何与其相反的合同条款视为无效。

在宣告破产裁定发布时出租人已经开始执行不动产内现有动产但该执行程序尚未完全结束的，该执行程序应自发布宣告破产裁定之日起中止执行 90 天，但不妨碍出租人依据一般法律规定采取保全措施以及要求腾空该不动产的权利；在破产清算法官认为必要时可下令继续中止执行 30 天一次，破产管理人应在中止执行期间将其希望终止或继续履行该租赁合同的想法告知不动产出租人。

破产管理人决定继续履行租赁合同的，应向出租人支付拖欠的租金并提供支付后期租金的充分担保；如未有充分担保的，出租人应自破产管理人将希望继续履行该租赁合同想法告知本人之日起 15 日内请求破产清算法官终止该租赁合同。

破产管理人在获得破产清算法官准许和出租人同意后，根据调整不动产业主和承租人之间关系的有关规定，对不动产进行转租或退租。

第 144 条

雇主破产且同时与员工签有无固定期限劳动合同的，员工和破产管理人可依照有关劳动法律的规定终止该合同。除以胁迫方式或未遵守通知日期合同终止外，员工不得在雇主的破产清算中主张赔偿。

对有固定期限的劳动合同除决定不再继续经营外不得终止，有固定期限劳动合同员工可在雇主的破产清算中主张赔偿。

前两款对员工赔偿的给付具备法定的优先受偿权。

第 145 条

宣告破产时任何人都可从破产清算中取回其拥有所有权的或享有对货物取回

权的货物。

在征询监督员意见并取得破产清算法官准许后，破产管理人可将货物返还其所有人或享有货物取回权人。对要求取回被拒的，权利人可将该争议诉至法院。

第 146 条

破产清算中以存放、寄售、交寄等方式为破产人现时占有的实物货物可取回。如破产人和货物买受方之间尚未以现金、商业票据或通过经常账户转账方式成交的货物，也可取回该货物价款。

权利人须将破产人应得权益支付或交付给破产管理人。

破产人业已将货物存放于他处的，权利人可从该处取回。

如破产人用该货物抵押贷款且在设置抵押时抵押权人不知道其非所有权人的，则在该设置抵押的债务清偿前不得取回。

第 147 条

交付破产人的具备支取或指定结算功能的商业票据及其他有价值票据，其实物存在于破产清算中且尚未完全实现其价值的可被取回；存放于破产人处的现钞，除非权利人能证明归属，否则不得取回。

第 148 条

买卖合同在宣告买方破产裁定发布之前经法院裁判解除或因满足合同解除条款而解除的，且交易货物实物存在的，卖方有权全部或部分取回。

宣告破产裁定发布后合同解除要求取回的，须通过取回之诉或裁定发布之前已提起合同解除之诉。

第 149 条

买方在付款之前破产且交易货物尚在卖方处，卖方有权不予交付。

交易货物发运后买方破产的，在货物进入买方仓库或其销售该货物代理的仓库前，卖方有权取回占有货物；货物因自身性质灭失或破产人在收到货物前凭权属文件或运单已将该货物真实非欺诈地作出处分的，不得取回。

任何情形下，在取得破产清算法官准许后破产管理人都可以要求交付货物，但其应按约定付款给卖方；破产人未要求交付的，卖方可行使其权利解除合同并要求赔偿损失、以该损失为限参与破产清算。

第 150 条

不违反 2015 年第 115 号《动产保证监管法》的规定，买方在交易货物进入其仓库或其销售该货物代理的仓库后但价款未支付前宣告破产的，卖方不得请求解除买卖合同或取回该货物，同时卖方也不得享有优先受偿权；任何有关可能赋予卖方取回货物或者保留优先受偿权的条款不得作为抗辩针对全体债权人。

第 151 条

对破产管理人就本法第 145~149 条所述情形提起取回之诉的除斥期间是自宣告破产裁定公布之日起 1 年。

第 152 条

对破产人的经营场所、办公室、保险柜、账簿、票据、动产等应予以查封。

宣告破产裁定作出后由破产清算法官立即执行查封，也可以委派一名法院工作人员执行；同时须向破产人资产涉案管辖的各法院院长通报其委派工作人员执行对破产人资产进行查封的决定。

破产清算法官认为对破产人资产清点可在一天内完成的，破产清算法官或其委派工作人员可立即展开清点无须张贴封条。

查封或清点应制作笔录，由执行查封人员签字后交至破产清算法官。

第 153 条

不得对破产人及其抚养、赡养人的衣物和必需的物品进行查封。由破产清算法官界定上述物品，登记造册并由每位破产清算法官和破产人签字后交付。

第 154 条

破产清算法官可自行或经破产管理人提请可对下列物品不采取封条查封或者予以解封：

（1）商业账簿；

（2）商业票据以及其他即将到期兑付的或需要采取法律程序维护其所确立权

益的票据；

（3）破产清算中用于紧急事务支出的必要现金；

（4）易腐烂的、价值急剧减少的或需要巨大费用予以维护的物品；

（5）在决定继续经营后营业场所运行所必需的物品；

前款所述物品的清点须由破产清算法官或其委派工作人员处置并将清点清单交给破产管理人由其在上面签字。

第155条

经破产管理人提请，破产清算法官可下令移除查封封条以便开始对破产人资产进行清点。

封条移除及清点应自宣告破产裁定发布之日起30天内完成。

第156条

进行清点时须由破产清算法官或其委派工作人员、破产管理人、法院书记员同时在场并应通知破产人，破产人有权到场。

编制清点清单一式两份，由破产清算法官或其委派工作人员、破产管理人、法院书记员共同签字，一份交存法院书记员办公室，另一份交由破产管理人。

清点清单上应注明未张贴封条的资产或已解封的资产。

可聘请专家进行清点及资产评估。

第157条

商人死亡后宣告破产且在死亡时未制作清点清单的，或者商人在宣告其破产后制作清点清单前、清点清单制作完成前死亡的，应依据本法第156条规定方式立即制作清点清单或继续完成制作清点清单工作并通知其继承人，继承人有权到场。

第158条

清点完成后破产管理人接管破产人的资产、账簿、票据等并在记载以上物品的清点清单结尾处签字。

第159条

商业账簿须经破产清算法官作出封存设置后才可交由破产管理人。

商业账簿封存设置时应传唤破产人到庭；破产人未到庭的不影响账簿封存。

破产人不得在商业账簿封存设置时委托他人到庭，其不能到庭理由被破产清算法官接受的除外。

第 160 条

破产人未提交资产负债表的，破产管理人应制作资产负债表并交存于由法院书记员办公室。

破产管理人以破产人名义接受与其业务有关的信函并有权拆阅和保存，破产人有权阅览。

第 161 条

破产管理人应开展一切必要工作维护、主张、实现破产人与第三方的权益。破产人对其债务人不动产享有的物权未进行登记的，破产管理人应予以登记。

第 162 条

破产清算法官在征取监督员看法、听取破产人意见（或直接告知）后可准许破产管理人就涉及破产清算的各争议案件进行和解或仲裁，即便涉及不动产的权利或诉讼。

对争议标的额不明确的，或者标的额超过 2 万埃及镑的，非经破产清算法官对和解协议或仲裁裁决条款核准，其和解协议或仲裁裁决不生效。同时就该核准可传唤破产人到庭，破产人到庭的，破产清算法官听取其陈述；破产人提出异议的，不影响法官作出核准。破产清算法官作出对和解协议或仲裁裁决条款不予核准决定的，可向法院进行复议。

除本条规定的途径外，破产管理人不得放弃破产人权益或者承认他人权益。

第 163 条

破产清算法官可自行或经破产管理人提请、破产人请求，在公共利益需求时或破产人、债权人利益需要时，委托重整委员会制定包括运行破产人经营场所在内的继续经营计划。

经上述委员会提议并征询破产管理人看法后，破产清算法官可依据重整计划任命管理经营场所的负责人及确定其薪资。破产人可被任命为管理负责人，其所得薪资替代救济金。

破产管理人或债权人联合体秘书负责监督被任命的管理经营场所的负责人；该负责人应每月向破产清算法官提交商业运行的报告。

破产清算法官就包括运行经营场所在内的继续运营的重整计划作出不予准许决定的，破产人、任意一名破产管理人以及任意一名债权人都有权向法院进行复议。

第164条

破产人死亡的，其继承人取得其在破产程序中的地位。有多位继承人的可委托其中一位作为代表；对委托事宜不能达成一致的，由破产清算法官根据破产管理人提请，指定其中一位作为代表。破产清算法官在任何时间都有权取消该继承人的代表资格另行指定。

第165条

破产管理人应在其被通知任命之日起30天内向破产清算法官提交有关破产原因、状况和条件的报告；破产清算法官可对提交该报告的期限予以延长。破产清算法官应将该报告连同审阅意见送交检察院。

破产管理人应按破产清算法官规定的报告周期限期内向提交有关破产清算情况的报告。

第166条

全体债权人，包括其债权附有特别担保的及已由终审判决确认的，在宣告破产裁定发布后将原始债权凭证并附带对该笔债权的声明、对其担保的声明（如有）、本国货币表示的债权金额（如在宣告破产裁定发布当日没有汇率，则使用与埃及央行公布兑换价格为基准计算，包括卖出价、收盘价、现汇价或现钞价）等交付破产管理人，破产管理人应出具接收声明及债权凭证的收据。

声明中应包含为管理人指定一个全体债权人选定的在法院管辖范围内的住所地。

破产管理人自破产清算终止之日起一年内负责对单据进行保管；在破产清算完结后交还债权人。

第 167 条

名字记录在资产负债表上的全体债权人在通过日报公布宣告破产裁定后 30 天内未提交本法第 166 条所述附带声明的原始债权凭证并经一次传唤申报的，破产管理人应立即再次通过该日报公告全体债权人申报。破产清算法官有权规定除报纸以外破产管理人可采用的其他公告方式。

名字记录在由破产人核定的资产负债表上的债权人，在该破产清算中对其有判决以及其具有优先权的情形下，破产管理人应在前款规定期限内予以通知，同时该种情形也应通知各政府部门，采用公告方式的视为各方知悉的证据。

除丧失参与破产清算权利的债权人外，各债权人应在报纸第二次公告后 30 天内提交上述附带声明的债权原始凭证。

第 168 条

破产管理人核实债权前应通知破产人到场，破产人到场的在监督员的协助下进行。

破产管理人，监督员或破产人对某一笔债权债务的有效性、金额、担保等有争议的，破产管理人应立即将该争议通知债权人，债权人应自收到通知之日起 10 日内给予口头或书面说明。

因各种税费引起的应缴政府债务不适用核实程序。

第 169 条

破产管理人在完成债权清单核实程序后将包括以下文件的债权清单交存于法院书记员办公室：债权清单材料的声明、债权清单争议事由（如有）、接受或不予接受债权清单的意见等；同时将声称对破产人资产设置特别保证的债权人名单交存，并指明其债权金额、保证类型及所设定抵押的资产。

该交存工作应自第二次报纸公布召集债权人申报债权之日起 40 天内完成。

破产管理人应自交存工作完成之日起 6 天内在日报上公布其所获得的声明、

清单等。

各利害关系人有权查阅交存于法院书记员办公室的声明和清单。

第 170 条

破产人及名字登记在债权清单的每位债权人可在报纸公布所交存声明、清单之日起 10 日内对清单内债权提出异议。该异议可直接提交或者用可获取签收信息的挂号信方式邮寄到法院书记员办公室，法院书记员办公室收到后应立即上报给破产清算法官。该异议期不得延长。

第 171 条

本法第 170 条规定异议期届满后破产清算法官在最多 30 天内制作最终无争议债权清单，破产管理人应在附带债权材料的声明中备注"确认对债权予以接受"以及每一笔接受债权的金额。

即使未对债权提交异议破产清算法官也有权认定其为有争议债权。

破产清算法官应自异议期届满 30 天内对有争议债权作出裁判；法院书记员办公室应至少在开庭前三天通知各方当事人出庭。

债权人可在最终无争议债权清单入卷后依法组成联合体。

第 172 条

自破产清算法官作出接受或不予接受债权裁定之日起 10 日内可向法院提起复议，除法院下令中止破产清算程序外，复议期间不停止程序执行。对复议作出决定前法院可裁定临时接受以估价为基准的债权。对法院作出的对债权接受或不予接受的终局裁定不得提起复议。涉及设置保证债务的复议，应裁定以一般债权人身份予以临时接受。不接受最终债权或者不临时接受债权的债权人不得参加破产清算程序。

第 173 条

因未有充足且必要的资金进行破产管理或应对破产清算工作而中止的，破产清算法官可自行，或者依据破产管理人或债权人联合体秘书的报告作出据此终止破产的决定。

破产人、利害关系人或破产管理人自破产清算法官作出破产终止决定之日起3个月内确定尚有足够资金应对完成破产清算工作费用的或存入破产清算法官核定的足够款项的，均可请求破产清算法官撤销终止决定。

前款规定期间届满未有向破产清算法官提出撤销终止决定请求的该破产视为具备法律效力的终结。

第174条

破产终止决定和驳回撤销终止决定自这两个决定作出之日起10日内可提出复议，复议期间不停止执行或导致本法第173条第2款所述期间中止中断。

第175条

因未有足够资金支持破产清算工作而终止的终局决定作出后，各债权人仍有权继续采取相应措施及直接发起针对破产人的单独诉讼。

债权人债权在破产清算中已最终确认的，凭破产清算法官出具带有债权金额的证明书可直接执行破产人资产；该证明书视为具有本次执行效力的终审裁判书，并在其注明"债权人接受债务款项的凭据"。

任何情形下都应优先支付破产清算程序中业已产生的费用。

第176条

破产清算法官在下列情形下可作出终结破产的决定：

（1）债务已清偿且未有出现以下情形的：破产清算中尚有可接受债务的，尚有债务类型为刑事罚金、各税种的税费及社会保险的，尚有哪怕一名债权人的或债务集中到一名债权人处的；

（2）破产清算中的可接受债务全部清偿的；

（3）与破产债务人达成和解的；

（4）破产人无可执行资产的；

（5）已清算破产人所有资产并核准最终账目的。

第177条

破产清算法官在作出终结破产清算决定前须审阅破产管理人或债权人联合体

秘书的报告，该报告需明确指出具备本法第176条所述的任意一种情形。

破产清算法官终结破产清算的决定一经作出即刻生效，破产人权利恢复原状。

第178条

破产清算程序各个阶段，经利害关系人请求，破产清算法官都可以主持调解以达成双方签订和解协议。为此目的，破产清算法官可令书记员邀请接受最终债权或临时接受债权的债权人出庭，就和解请求进行商讨。

破产管理人或债权人联合体秘书须向全体债权人提交一份包含破产清算状况以及就此所采取的措施，破产人的和解建议和破产管理人就该建议的看法。

第179条

除非经全体债权人一致同意，否则不得达成和解；对破产人资产享有担保物权的债权人不得以其享有的设置担保物权的债权份额参与和解表决，除非其预先放弃该担保物权。

第180条

全体债权人完成和解表决后，须当庭在和解笔录上签字并由破产清算法官对其进行核准，之后通过任意一家日报予以公布。

第181条

判有以欺诈方式破产犯罪的破产人不得签订和解协议，对破产人涉嫌以欺诈方式破产犯罪展开侦查的，应推迟考虑和解。

第182条

对和解协议作出核准裁定后消除所有破产影响。破产管理人将最终账目提交给破产人并在破产清算法官在场时进行对账。

破产管理人任务完成，破产人接收其资产、账簿、票据并出具收据；自最终账目批准之日起1年内破产人未接收上述资产、账簿、票据的，破产管理人不再对此责任。

破产清算法官对以上所有事项记入笔录。

第183条

和解协议经核准后破产人被判有以某种欺诈方式破产犯罪的，该和解协议无效。

和解协议经核准后破产人存在隐匿资产或夸大债务等欺诈行为的,该和解协议无效,但须在发现欺诈行为之日起6个月内请求宣布其无效,否则该请求不再受理。任何情形下,自和解协议经核准后经过2年,对宣布和解协议无效的请求不再受理。和解协议无效后担保该协议条款执行的保证人恢复未予担保状态。

由作出宣告破产裁定的法院对宣布和解协议无效之诉专属管辖。

第 184 条

和解协议经核准后对破产人涉嫌以欺诈方式破产展开侦查的,或对其提起刑事诉讼的,作出宣告破产裁定的法院经检察院提请或利害关系人申请后决定对债务人资产采取其认为必要的保全措施。侦查终结不再移送的,决定不提起刑事诉讼的,或判决破产人无罪的,应依法解除该措施。

第 185 条

破产人不执行和解协议的,可向作出宣告破产裁定的法院申请撤销该和解协议。

和解协议撤销不导致担保和解协议执行的保证人恢复未担保状态,应传唤该保证人在审理请求撤销和解协议之诉时到庭。

第 186 条

在和解协议核准后,被宣布无效、撤销前,债务人实际发生的费用贷入债权人权益,除依据《民法典》第 237 条规定外,债权人不得请求该笔费用对其不予执行。

和解协议被宣布无效、撤销之日起经过2年,前款规定的请求债务人发生费用不予执行之诉不再受理。

第 187 条

和解协议被宣布无效、撤销后,只对破产人产生向债权人清偿所有债务的义务。

未从和解协议中受偿任何约定金额的债权人,可以其全部原始债权加入全体债权人行列；已部分受偿的，应当从原始债权中减除。

在作出和解协议无效、撤销的裁定前债务人再次宣告破产的，适用前两款规定。

第 188 条

和解协议可以约定债务人放弃全部或部分资产用以变卖，所得价款在债权人中分配。该和解协议应遵守有关司法和解的规定，禁止债务人对所放弃资产进行处分和管理。

对债务人放弃资产变卖和价款分配，依照债权人联合体变卖和分配破产人资产的既定原则执行。

变卖债务人放弃资产所得价款超出债务清偿金额的，超出部分归还债务人。

第 189 条

破产清算法官应召集债权人会议组建债权人联合体，商讨破产清算事务，考虑留任、更换破产管理人（该阶段被称为债权人联合体秘书）。对破产人资产享有担保物权的债权人有权参与商讨和表决，参与不导致其担保物权丧失。

过半数出席会议的债权人决定更换破产管理人的，破产清算法官应立即另行任用；债权人一致决定提名非花名册中人员担任债权人联合体秘书的，破产清算法官应对该选择予以准许。

离任破产管理人应在破产法官规定时间内亲自将其管理的账簿交付给债权人联合体秘书，同时通知债务人该移交账簿日期。

债权人联合体秘书违反职责的，经破产清算法官请示，专属管辖法庭可予以更换。

第 190 条

在按本法 189 条召集债权人会议期间应对从破产资产中给付破产人或其抚养、赡养人救助金的决定征询债权人意见。

出席会议债权人过半数同意从破产资产中给付破产人或其抚养、赡养人救助金的，破产清算法官在征得债权人联合体秘书和监督员的意见后确定救助金金额。

债权人联合体秘书、破产人或其抚养、赡养人对破产清算法官所确定的救助金金额有异议的，可向法院提出异议，异议期间，救助金按所确定金额的一半发放，直至对该异议作出决定。

第 191 条

除非在获得人数上和债权份额上皆超过三分之二的债权人授权，债权人联合体秘书不得继续规定在本法第 163 条的重整计划；在征得重整委员会意见和经过破产清算法官核准后，上述人数上和债权份额上皆超过三分之二的债权人可对重整计划进行调整。

在执行重整计划中产生让债权人联合体负担义务超过其资产时，该超出部分由同意继续经营的债权人用自有资产承担，除在授权范围内经营产生的由该部分债权人承担连带责任外，每位债权人按各自债务比例予以承担。

第四节　企业破产

第 192 条

企业破产适用本节规定，依照以下原则执行。

第 193 条

企业财务陷入困境而中止支付其债务时视为处于破产状态，由法院裁定宣告破产。

即便企业处于自行清算阶段也可宣告破产。

第 194 条

企业法人代表只有获得合伙人或股东大会过半数通过宣告破产决议的许可时才有权申请宣告破产。

宣告破产的申请应包含当前各普通合伙人以及在企业中止支付后退出企业的合伙人名字，并附带一份对各合伙人的地址、国籍以及在商业登记簿登记退出企业日期的声明。

第 195 条

企业债权人可申请宣告企业破产，即便该债权人是一名合伙人；非债权人的合伙人不得以个人身份申请宣告企业破产。

债权人申请宣告企业破产的应将各普通合伙人列为共同被申请人。

第 196 条

法院自行或经企业申请，在企业财务状况可能得到支持或国民经济利益需要的情形下，推迟审理宣告破产，但期限不超过 3 个月。法院可对企业资产采取其认为必要的保全措施。

第 197 条

法院宣告企业破产时，应同时宣告企业所有普通合伙人破产；对在企业中止支付后退出企业的普通合伙人，宣告企业破产发生在其从商业登记簿登记退出企业之日起一年内的，应包含在宣告企业所有普通合伙人破产中。

法院应作出一个裁定宣告企业及其普通合伙人同时破产，即使宣告该企业普通合伙人的破产非其管辖。

破产企业和各破产普通合伙人在其资产、负债、管理、核实债权以及终结方式相互独立，但法院应作出裁定任命破产企业和各破产普通合伙人的破产清算法官及一名或多名破产管理人。

第 198 条

法院可自行或经破产清算法官请示剥夺犯有重大失误造成企业陷入困境中止支付的企业董事会成员或企业管理人员规定在本法第 111 条的各项权利。

企业申请宣告破产的，法院有权同时裁定宣告以企业为幌子通过私人账户进行商业活动的个人以及公私不分擅自处分企业资产的个人破产。

一旦查实企业现有资产不足以偿还至少 20% 的债务，经破产清算法官请示，法院有权裁定全体或部分董事会成员、企业管理人员共同或各自承担全部或部分企业债务，除非能够证明其已致力于管理企业事务，尽到了审慎注意义务。

第 199 条

企业被宣告破产后企业法人代表在法律要求的所有事项上代表公司，在破产清算法官或破产管理人征求破产人意见时发表意见，需要其出庭/出席、必须到庭/出席时出庭出席，以及按所要求的提供信息或解释说明。

第 200 条

破产管理人在取得破产清算法官准许后可要求合伙人或股东补缴注册资金中的剩余出资额或股份，即便缴纳期限未到。破产清算法官可将这一要求限定在公司债务清偿所需的范围内。

第 201 条

企业发行的债券或金融工具不受债权核实程序制约；接受用债券或金融工具清偿的，是指接受减除企业已支付部分的该债券或金融工具票面价值。在以债券清偿时如约定用红利清偿的，应以接受债券票面价值并附加到宣告破产裁定发布之日可获得红利的部分。

第 202 条

和解提案须经全体合伙人或股东大会过半数通过。

企业法人代表负责将和解提案提交给债权人大会。

第 203 条

发行债券或金融工具的公司和解，其债券或金融工具金额超过总债务金额三分之一的，除债券或金融工具全体所有者大会一致同意和解协议外，不得核准该和解协议，同时将召集全体债权人大会推迟至上述大会作出一致同意后进行。

第 204 条

企业破产程序以通过债权人联合体与一位或多位普通合伙人达成和解而终结的，不得在该和解协议中约定使用企业资产清偿或对协议执行提供担保；达成和解协议的普通合伙人免除连带责任。

企业达成和解的，普通合伙人与债权人联合体的破产程序终结，企业存续，除非和解协议主旨是放弃企业一切资产。

企业破产程序及普通合伙人破产程序皆通过和解终结的，各和解相互独立，只对各自债权人发生效力。

第 205 条

与债权人联合体终结破产程序后,企业不解散;但如查明债权人联合体清算后企业现有剩余资产不足以支持企业经营朝有效益方向发展的,可以解散。

第 206 条

组成债权人联合体之日起经过 6 个月未完成清算的,债权人联合体秘书应向破产清算法官提交一份关于目前清算状况以及延迟完成清算原因的报告。破产清算法官将该报告送达各债权人并召集其开会讨论;债权人联合体秘书再次在 6 个月期限内未能完成清算工作的,该召集程序可重复进行。

第 207 条

债权人联合体秘书在完成清算工作后将最终账目交于破产清算法官,由破产清算法官将该账目送达各债权人并召集其开会讨论,同时通知破产人与会,破产人有权出席会议。

前款所述最终账目一致认可后,债权人联合体解散,破产程序依法终结。

债权人联合体秘书自破产程序终结之日起 1 年内负责对接收的账簿、单据、文件等进行保管。

第 208 条

债权人联合体解散后各债权人恢复对债务人行使实现剩余债权的权利,凭破产清算法官对其债权剩余部分的证明书执行;该证明书视为具有本次执行效力的终审裁判书,并在其注明"债权人接受债务款项的凭据"。

第 209 条

在破产资产清算后查明其价值不超过 50 万埃及镑的,破产清算法官可自行或经破产管理人、任意一名债权人申请,下令依据以下规定执行破产程序:

(1) 规定在本法以下条款的期限缩短一半:第 165 条第 1 款、第 167 条、第 168 条第 2 款、第 169 条第 2 款、第 170 条、第 171 条第 3 款;

(2) 除法律另有规定或决定越权外,对破产清算法官作出的一切决定不得提出异议;

（3）不任命破产监督员；

（4）债权人组成联合体期间不更换破产管理人；

（5）变卖破产企业资产完成后对各债权人只进行一次分配。

第三章　破产企业现有资产清算

第一节　总则

第 210 条

不违反相关法律对不动产、航空器、船舶正式抵押登记的规定，对商业店铺的商业抵押的规定，以及对动产质押、融资抵押、融资租赁、占有抵押和知识产权抵押的规定，破产企业现有资产的变卖依照本章规定执行。

第 211 条

在清算程序准备阶段，即对破产人资产查封、解封、登报公告和清点阶段不得变卖破产企业资产，但破产清算法官依破产管理人请求可准许变卖易腐烂变质或价值急速减少的货物，或者是需巨额费用维护的物品；如该变卖是为获得现金来维持破产清算管理必要支出的，或该变卖实现后确实能让债权人或破产人受益的，也可予以准许。其他情形，除非将变卖事宜通知破产人并征询其意见，否则不予准许。

第 212 条

清算程序准备阶段对破产清算法官作出的变卖破产人资产的决定可自发布开始执行变卖程序决定之日起 10 日内向法院提起复议。

第 213 条

有抵押的债权人应自破产宣告之日起不超过一年的期间内按照对不动产或动产抵押合同约定的方式变卖该抵押的动产或不动产以实现其抵押权，但该变卖不得在破产管理人不知情的状态下进行，否则破产管理人或债权人联合体秘书只须通知变卖该抵押动产或不动产的债权人后便可依据本法规定对变卖的动产或不动产采取措施。

依据有抵押的债权人申请变卖有抵押的动产或不动产的，在其价值超过债务时，破产管理人或债权人联合体秘书应提取超出部分归入破产清算中供全体债权人分配。

债权人联合体秘书自本条第一款所规定期限届满后，在获得有抵押债权人同意变卖后有权变卖有抵押的动产或不动产。

特殊优先受偿权人和特定财产优先受偿权的人同样适用本条所述各规定。

第二节 拍卖程序

第 214 条

获破产清算法官准许或经其决定启动拍卖程序后，按照破产管理人或债权人联合体秘书在专属管辖法庭书记员办公室交存的带有拍卖条款的清单，通过公开拍卖的方式处置破产清算中现有资产。

第 215 条

在不动产已登记的情形下，由债权人联合体秘书将破产清算法官就执行拍卖程序所作出的决定通告给土地登记主管机关或不动产登记主管机关以便在破产债务人不动产产权证书空白处进行免费的备注或者直接在报纸的房地产栏予以公告，此须在上述两处通告之日起 1 周内完成；同时将上述备注或公告事宜通告给以对该不动产做了权利登记的债权人和实际占有人。

第 216 条

根据破产清算法官所做决定而在土地登记机关或不动产登记机关作出的备注相当于移除该所有权的预告登记。

第 217 条

破产清算法官作出任命一名评估专家的决定，该专家须登记在破产管理机构专家花名册中的评估专家组中；在有需要时，破产清算法官还可以再任命一名。由所任命的专家依据以下标准对被拍品进行评估。

（1）拍品购买时价值；

（2）发生在拍品上的维护费用；

（3）通货膨胀率对拍品的影响；

（4）评估时的市场价格；

(5) 评估时拍品的租赁价格。

218 条

破产管理人或债权人联合体秘书制定一个公开拍卖的条款清单，并在破产清算法官批准后自该法官作出启动拍卖程序的决定之日起 30 天内交存专属管辖法庭书记员办公室。清单条款应包括：

(1) 检查拍品并确定有包括规格、说明在内的各种说明书；拍卖不动产的，确定其面积、地点和范围；

(2) 获破产清算法官准许或其作出启动拍卖程序决定的日期；

(3) 进行拍卖的日期、时间和地点；

(4) 竞拍条件、起拍价以及确定加价幅度；

(5) 拍品分割拍卖的，不论其是否能拆解，应记录每笔分割部分的起拍价格；

(6) 参与拍卖的保证金，不低于起拍价的 1% 且不超过 5%，需为现金或见票即付的支票；

(7) 完成拍卖程序场馆的租赁费用，不论是在法院内还是在其他地方；

(8) 确定拍卖成交价的佣金比例，贷入破产清算程序，以便由破产管理人或债权人联合体秘书和评估专家计算扣除该比例，但不得超过拍卖成交价的 3%；

(9) 出价最高的竞买人在获得拍卖货物之前，不论动产或是不动产，应缴纳拍卖的各种司法费用；

(10) 对清单或现场展示可能持有异议的受理日期的确定，此日期应至少确定在开拍前两周。

专属管辖法庭依据本法第 1 条的定义负责受理设该种情形下拍卖合同的全部诉讼。

第 219 条

破产管理人或债权人联合体秘书将拍卖条款清单通过任意一家发行量大的日报或破产清算法官确定的其他方式予以公布；在对破产人不动产拍卖的，应一并公布该不动产情况。

第 220 条

利害关系人对拍卖条款清单有异议的应在确定受理异议开庭日期前至少 3 天报告到专属管辖法庭书记员办公室，否则该异议权丧失；法院对此异议在确定开拍之前作出终局裁定。

第 221 条

在变卖或拍卖程序中有归咎于破产管理人或债权人联合体秘书过错的，应负担恢复原状的费用。破产清算法官对该情形下作出的决定不得提起复议。

第 222 条

破产管理人或债权人联合体秘书，在破产清算法官在场的情形下，负责在规定拍卖日举行拍卖，拍卖以保留价起拍，以破产清算法官认可的竞买的最高出价结束。出价 3 分钟后无更高出价即视为拍卖成交。

第 223 条

竞买出价低于保留价或者无债权人或竞买人应价的，破产清算法官可顺延 60 天后再次举行拍卖同时可将保留价缩减十分之一；如再次出现流拍的，破产清算法官可再次顺延 60 天并再次缩减保留价的十分之一，但该顺延和缩减最多两次。在此情形下破产清算法官中止拍卖程序直到其确定其他待售方式，同时该中止决定向全体债权人公布。破产管理人或债权人联合体秘书应公告推迟按本法第 219 条规定程序举行拍卖会。

第 224 条

经破产清算法官批准的买受人，拍卖会期间当即支付全部批准的价金以及拍卖程序的税、费等。在买受人保证金转为价金后，破产清算法官可给予其自拍卖结束之日起不超过 3 个月的宽限期以完成支付。如买受人未在规定期限内支付全部价金则其丧失要求返还保证金的权利，同时以之前条款根据另行确定的价格恢复拍卖程序。

第 225 条

拍卖竞买人为债权人的，其债权金额在支付价金时予以扣除同时其债权范围随之减扣，法官对该减扣的债权在分配时从接受的债权金额中免除。

第 226 条

在买受人支付全部价金并向破产清算法官提交此次拍卖税费已缴的单据后，破产清算法官作出将未进行物权登记的动产或不动产交付给买受人的决定。该决定的作出具有涤清附着在动产或不动产上的各种债务或权利的效力。

第 227 条

对已登记不动产拍卖的，破产清算法官仅对在拍卖程序中成交并在价金全部支付后作出拍卖落槌裁定。该裁定应包含拍卖条款清单、拍卖日拍卖各环节等内容；同时该裁定书中应包括一个不动产交付令，即在被裁定拍卖落槌指向的买受人提交拍卖程序中各法定税费缴纳凭证后交付该不动产的命令。

第 228 条

除拍卖程序或裁定格式上有缺陷外不得对拍卖落槌裁定提起上诉；符合上诉情形的，按照普通民事诉讼程序在落槌裁定作出之日起 10 日内提起。

第 229 条

被裁定拍卖落槌指向的买受人除非其对裁定提起复议/上诉外，应公示该裁定并由其承担公示费用；该公示具有涤清附着在不动产上的一般优先受偿权、特定财产优先受偿权、已登记的抵押权、占有权等一切他项权。同时对公示的裁定视为从拍卖落槌成交中获得的所有权凭证，仅供转移破产债务人对所拍卖的不动产产权时使用。

第 230 条

对所拍卖的动产和未登记的不动产进行交付的决定或拍卖落槌裁定不予公告，通知破产管理人或债权人联合体秘书后对该决定或裁定强制执行，同时责成债务人、占有人、担保物权人、查封人等在规定的日期和时间到场履行交付或产权转移程序，此责成到场通知应至少在规定交付或产权转移日一周前送达。如其他破产债务人对该动产或不动产享有他项权，债权人联合体秘书应向破产清算法官申请采取必要的保全措施以保障该权利人权益。

第 231 条

追索之诉和取回之诉，除非主审法院另有裁判，否则不停止对拍卖取得的动产或不动产的执行程序。

第 232 条

破产债务人不动产有可以合同方式或依据本章所规定的拍卖动产和未登记不动产的条款和程序履行拍卖或放弃专属权后作出裁定方式处置的，债权人联合体秘书应将破产清算法官作出的以该不动产所有人放弃其对该不动产专属所有权的方式进行拍卖的决定通知该不动产所有人并将该不动产列入拍卖条款清单。债权人联合体秘书负责执行将该不动产让与人产权转移到买受人名下。

第 233 条

不动产为不可分割的共有形式进行拍卖的，按本章所述方式进行拍卖，但拍卖条款清单中除包括本法第 218 条规定的各项说明外还应有一份全体共有人及其住址的说明。债权人联合体秘书应将拍卖条款清单通知该不动产的全体共有人，全体共有人可通过对清单提异议的方式查阅拍卖条款及提出其持有的异议。

第 234 条

破产管理人或债权人联合体秘书自收到破产人资产拍卖价金后最迟于第二个工作日内将该价金存入法院财务或者破产清算法院指定银行；延迟存入的须支付赔偿金，赔偿金金额由破产清算法官决定。破产管理人或债权人联合体秘书应自价金存入后一周内向破产清算法官提交一份上述拍卖价金的说明。除破产清算法官下令外，上述价金或其他人存入破产企业账户的款项不得取出。

第三节 分配

第 235 条

税费、破产费用、共益债务、决定给破产人及其抚养、赡养人的救济金等从破产人资产拍卖价金中先行减除，其次清偿有优先受偿权的债权人，剩余部分在债权人中根据其债权份额按比例进行分配。对有争议债权以及临时接受的债权，作出裁判前应予以提存。

第 236 条

破产清算法官可在破产清算的任何阶段决定向债权业已确定的债权人进行分配以及指定分配的金额。分配按照破产管理人或债权人联合体秘书准备的、并经破产清算法官批准的清单进行；必要时，破产清算法官有权下令在日报上公布分配决定。

破产人或利害关系人可自分配清单交存书记员办公室之日起 10 日内就破产清算法官作出的专门针对向债权人进行分配的决定向专属管辖法庭提出异议。

第 237 条

债权人联合体秘书对已清偿债务的金额予以备注；任何情况下都应对分配清单上的债权人予以清偿。

第 238 条

以动产或不动产价金进行分配的，享有抵押权的债权人、一般优先受偿权人、享有特定财产优先受偿权人不能从设置了保证的该动产或不动产价金中全部或部分受偿时，则与普通债权人一起参与对涉及普通债权的资金分配，其中按本法规定已实现债权的除外。在最终结算时查明其中有债权人超额受偿的，超出部分应返还给全体债权人。

第四章 限制解除及罚则

第一节 限制解除

第 239 条

除以欺诈方式破产情形外，破产人根据本法第 111 条而被剥夺的一切权利自破产清算终结之日起经过 3 年依法恢复。

第 240 条

破产人在两年期间内清偿所有债务本金、各种费用及收益的，即便未达到本法 239 条规定的期间届满也应裁定限制解除。

破产人为被宣告破产企业的普通合伙人的，除非其在两年期间内清偿破产企业所有债务本金、各种费用及收益，否则不得通过免除债务的方式强行解除限制。

第 241 条

满足以下两个条件的，即便未达到本法 239 条规定的期间届满也应裁定对破产人的限制解除：

（1）破产人和其债权人达成和解并执行了和解协议的；对被宣告破产企业的普通合伙人，一旦其达成个别和解并执行了该和解协议的同样适用；

（2）破产人有证据证明债权人已免除其一切债务或债权人一致同意其限制解除的。

第 242 条

任意一名债权人拒收的，缺席的或者住址不详的，可将还款提存至法院财务。法院出具提存证明，视为限制解除的清偿凭证。

第 243 条

对判决有任意一名过失破产犯罪的破产人，除所判刑罚执行完毕、宣布赦免或刑期届满的，不得对其限制解除。对判决有任意一名欺诈破产犯罪的破产人，除非自所判刑罚执行完毕或宣布赦免之日起经过六年，否则不得对其限制解除。

任何情形下，除非破产人在两年期间清偿一切所负债务本金、各种费用及收益，或者与债权人就此达成和解，否则不得对其限制解除。

第 244 条

破产人死亡的，经其继承人申请依据上文条款规定对其恢复名誉。

第 245 条

限制解除的申请向破产专属管辖法庭书记员办公室提交并附带相应支撑材料。

法院书记员办公室在收到申请后立即将副本送交检察院。

申请摘要应公告于出版发行在专属管辖法庭区域内的一家日报上，费用由该债务人承担。该摘要须包括债务人姓名、宣告破产裁定发布日期、破产清算终结方式、提醒债权人（如有必要）提交异议等内容。

第 246 条

检察院应自收到限制解除申请副本之日起 30 天内将一份就该事项作出的包括

破产类型，就对破产人已决、审理中、侦查中的破产犯罪说明在内的报告交存于法院书记员办公室。

第 247 条

未得到清偿的债权人都有权自限制解除申请在登报公告之日起 15 日内提交对该申请的异议；异议须以书面报告的形式提交到法院书记员办公室，并附有关支撑材料。

第 248 条

本法第 247 条期限届满后，法院书记员办公室应通知对限制解除提异议的债权人开庭日期以审理该申请。

第 249 条

法院对限制解除申请的审理一审终局；裁定驳回申请的，自裁定作出之日起一年内不得重新提起申请。

第 250 条

在对限制解除作出裁定前，因破产人涉嫌破产犯罪而进入侦查阶段的，或对其提起破产犯罪刑事诉讼的，检察院应立即通知法院。法院中止审理对限制解除的申请直至侦查终结或对刑事诉讼作出终审判决。

第 251 条

债务人限制解除裁定作出后，对其作出破产犯罪的刑事判决的，则该限制解除应认定为无效。除本法第 243 条规定条件外，债务人不再获得限制解除。

第二节　罚则

第 252 条

商人在下列情形下中止支付债务为欺诈性破产犯罪：

（1）隐匿、销毁、调换账簿的；

（2）挪用、私藏部分财产造成债权人损失的；

（3）以欺诈方式自认或自揽虚假债务的，不论该行为以何种方式，包括自书记录、资产负债表及其他纸质文件，口头承认以及明知拒绝提交文件或说明的后果仍不予提交等。

第 253 条

欺诈性破产犯罪的，以及参与该罪的从犯，处以 3 至 5 年有期徒刑并处 5 万埃及镑以上 50 万以下埃及镑罚金。

第 254 条

过失指一般因商人不够谨慎或疏忽大意而导致债权人损失，具有下列情节之一的认定为过失破产犯罪：

（1）被认为个人花销或家庭支出过高的；

（2）以欺诈方式和解的；

（3）在赌博、单纯购买彩票以及任何虚构业务上花费巨大的；

（4）高买低卖商品以拖延宣告破产的，或以制造借款、发行债券或其他方式导致借入资金发生重大损失拖延宣告破产的；

（5）未遵守法定义务编制账簿的，未按法律规定清点核对账目的，账目不全或账目混乱导致无法得知财务状况的；

（6）未按照本法规定限期内对中止支付进行通告的，未按照本法规定提交财务状况表或被证实提交的数据不真实的；

（7）没有合法理由而缺席破产清算法官庭审的，或未按破产清算法官要求提交各种数据或提交虚假数据的；

（8）在中止支付后故意向某一债权人清偿或设定优先权损害其他债权人权益的，为让对方接受和解而给予特别好处的；

（9）在被宣告破产前已对之前和解进行承诺的。

第 255 条

股份公司破产的，其董事会成员或管理人员一经查实触犯本法第 252 规定情节按欺诈性破产犯罪论处；或通过弄虚作假、欺诈方式导致公司破产的，尤其表现在通过发布虚假认缴、实缴资本信息，不切实际的利润分配以及弄虚作假超获批公司设立协议范围经营为自己谋取利润等方式导致公司中止支付的，同样适用。

第 256 条

股份公司破产的，其董事会成员或管理人员具有下列情节的按过失破产犯罪论处：

(1) 查实具有本法 254 条第 3 款至第 7 款情节之一的；

(2) 不按法定方式公布公司所达成协议，弄虚作假的；

(3) 参与与公司基本章程规定有别业务的。

第 257 条

过失破产犯罪的，处以 5 万埃及镑以上 10 万埃及镑以下罚金。

第 258 条

除法定共犯情形外，对犯有以下情节的人员处以拘役或单处、并处 5 万埃及镑以上 50 万埃及镑以下罚金：

(1) 破产人的配偶、直系亲属或姻亲、分支机构人员等盗窃、隐匿、藏匿全部或部分破产人资产的，不论是动产还是不动产；

(2) 本身非债权人通过弄虚作假方式参与和解谈判或者在破产清算过程中提供虚假债权凭证的，不论是以本人名义还是以他人名义；

(3) 债权人通过弄虚作假方式增加债权或与破产人、第三人约定给自己特别好处以换取和解商谈、破产清算中的表决，或承诺给破产人、第三人特别好处、订立使其特别受益的合同对其他债权人造成损害的；

(4) 破产管理人履职期间挪用资产的。

对以上情形作出判决的，不妨碍法官同时就全体债权人取回之诉和索赔之诉作出裁判，即便对以上情形作出无罪判决。

259 条

破产拯救和解犯罪的，适用以下规定：

(1) 具有以下情节的，对债务人处以 6 个月以下拘役或单处、并处 5 万埃及镑以上 50 万埃及镑以下罚金：

①恶意隐匿全部或部分资产，或为获得和解高估资产价值的；

②恶意给参与和解商谈和表决的债权人抛下或使其承担虚假的、非法的或过分夸大的债务；

③恶意忽视债权清单上的债权人的。

（2）债权人被禁止参与和解情况下恶意参与和解商讨、对和解进行表决的，过分夸大债权的，或以其和解表决为条件诱使债务人或第三人给予其特殊好处的，依照前款规定予以处罚。

（3）和解管理人恶意提供或宣称债务人状况的虚假数据信息的，依照前款处罚。

第 260 条

除法律另有规定外，对欺诈或过失破产犯罪提起的刑事诉讼不导致对破产清算程序的规定发生任何变更。

第 261 条

对破产人提起刑事诉讼的情形下，检察院或法院要求破产管理人提交涉及破产清算的所有文件、材料、信息、说明的，破产管理人应提交给检察院或法院。

案件侦查或审理期间上述文件材料由检察院或法院留存，在侦查终结或审理完毕后，根据不同情况，交回破产管理人、债务人、债务人的继承人等。

第 262 条

债务人或第三人与某一债权人达成协议，以获取该债权人表决通过和解为条件给予其特殊好处犯罪的，刑事法院可自行判决该协议无效并责令债权人返还依据协议的所得，即使判决其无罪，债权人也应返还。必要时法院也可就当事人请求赔偿之诉作出判决。